WESTEND

Marc Chesney

STOPP

Gegen Kasino-Finanzwirtschaft und die Vermarktung der Natur

übersetzt aus dem Französischen
von Imme Bergmaier

WESTEND

Mehr über unsere Autoren und Bücher:
www.westendverlag.de

Die Deutsche Nationalbibliothek verzeichnet diese Publikation in der Deutschen Nationalbibliografie; detaillierte bibliografische Daten sind im Internet über http://dnb.d-nb.de abrufbar.

FSC
www.fsc.org
MIX
Papier | Fördert gute Waldnutzung
FSC® C014889

1. Auflage 2025
ISBN 978-3-98791-315-0

Umschlaggestaltung: Buchgut Berlin
Satz: Publikations Atelier, Weiterstadt
Druck und Bindung: Friedrich Pustet GmbH & Co. KG, Gutenbergstraße 8, 93051 Regensburg
Printed in Germany

Inhalt

Der Schrei, Edvard Munch, 1895

Das Maß ist voll

»Seid entschlossen, nicht mehr zu dienen, und ihr seid frei.«
Etienne de la Boétie
Abhandlung über die freiwillige Knechtschaft, 1548

Als ich anfing, dieses Buch zu schreiben, war das Jahr 2022 noch nicht vorüber. Es hatte mit den Kritiken zum Film *Don't Look Up* begonnen: Hier verweigerten sich führende Politiker der sicheren Erkenntnis, dass der bevorstehende Absturz eines Kometen alles menschliche Leben auf der Erde vernichten werde, während die Bevölkerung einfach weiter ihrem Alltag nachgehe – daran erinnerte mich dieser Sommer 2022. Der Film war in dieser Hinsicht prophetisch, wenn nicht sogar realistisch. Er kam daher wie eine Komödie, war tatsächlich aber eine Tragödie.

Mit dem Überfall auf die Ukraine durch die russischen Streitkräfte Ende Februar 2022 ist die Gefahr eines Dritten Weltkriegs schlagartig gestiegen. Dazu kamen die heftigen Hitzewellen im Sommer, das Artensterben in großem Maßstab,[1] nicht zu vergessen die Umweltverschmutzung ... Zu unser aller Glück gab es dann zum Jahreswechsel ja noch die Neujahrsansprachen der großen Staatenlenker, die beruhigen sollten, im Grunde aber sterbenslangweilig und verlogen waren. So sagte Emmanuel Macron am 31. Dezember: »Wer hätte schon die Klimakrise mit ihren auch im vergangenen Sommer wieder dramatischen Folgen für unser Land vorhersagen können?«

Wer? Wie kann ein Regierungsoberhaupt bloß solch eine dumme Frage stellen? Die Antwort ist doch offensichtlich: die meisten der Wissenschaftler und Umweltexperten, die die Klimakrise nicht nur seit Jahrzehnten vorhersagen, sondern ihre langfristigen Auswirkungen analysieren. Sie schlagen unablässig Alarm und weisen auf die Umwälzungen und Katastrophen hin, die mit dem Ausstoß von CO_2 und anderen Treibhausgasen wie dem besonders schädlichen Methan zusammenhängen. In Wirklichkeit ist das Maß voll, und das schon seit Langem.

Die meisten Regierungen, großen Firmen und systemrelevanten Banken ändern praktisch nichts. Sie täuschen lediglich vor, sich um die Natur und den Klimawandel zu kümmern – mit allerdings unzureichenden, wenn nicht gar belanglosen oder sogar kontraproduktiven Maßnahmen. Atomstrom und Erdgas als nachhaltige Energiequellen oder Brückenenergien zu propagieren, ist nicht nur nicht glaubwürdig. Das ist pure Realitätsverweigerung, schuldhaft und kriminell. Die Erderwärmung, Atomunfälle und Umweltverschmutzung vernichten Leben, das Verschwinden der Tiere führt unweigerlich zu dem des Menschen. Die Entwaldung fördert die Wüstenbildung und zerstört den Lebensraum nichtdomestizierter Tierarten. Die Digitalisierung der Wirtschaft wird als Lösung verkauft, dabei verschärft sie das Problem nur: Datenzentren, für die riesige Flächen zubetoniert werden, verbrauchen enorme Mengen an Energie – und stoßen enorm viel CO_2, nur damit wir E-Mails verschicken können oder angesagte KI-Anwendungen nutzen können.[2] Die Transaktionen einer Kryptowährung wie dem Bitcoin erzeugen ein bisschen mehr als das Doppelte der Treibhausgasemissionen von Ungarn. Eine einzige Bitcoin-Transaktion entspricht der Treibhausgasemissionen eines Autos für eine Fahrt von etwa 2 000 Kilometern und verbraucht so viel elektrische Energie wie circa 800 000 Kreditkartentransaktionen – ein Umweltverbrechen im Namen des digitalen Goldrauschs.[3] Das Maß ist voll, es läuft sogar schon über.

Und was schlagen die meisten Ökonomen im Angesicht dieser Katastrophen vor? Grünes Wachstum, natürlich! Nur immer weiter in großem Maßstab produzieren und konsumieren, angeblich um eine globale, private und öffentliche astronomisch hohe und unmöglich vollständig rückzahlbare Verschuldung abzutragen. Also wird weiter auf den Putz gehauen. Man gönnt sich einen schnellen Flug übers Wochenende nach Barcelona oder auf die Kapverden und kauft sich einen SUV als rollende Festung im Großstadtdschungel. Wenn man circa zwei Tonnen bewegt[4], um alleine per Auto (elektrisch oder nicht) ein paar Einkäufe zu erledigen, dann trägt man definitiv nicht zur Lösung der Probleme bei, sondern verschärft sie sogar. Einen solchen Wagen zu fahren, ist ein Kennzeichen für Umweltverbrechen, wie Aurélien Barrau sehr richtig anmerkt.[5]

»Immer mehr« ist nur selten gleichzusetzen mit »immer besser«. Dabei ginge es darum zu wissen, wie viel ausreichend ist, um ein menschenwürdiges und ressourcenschonendes Leben zu führen, im Einklang mit der Natur, deren Bestandteil wir sind. Das unersättliche Streben nach Wettbewerb, das dem finanzialisierten Kapitalismus innewohnt, ist mit den genannten Bestrebungen nicht vereinbar.

Um dieses sogenannte grüne Wachstum zu fördern, empfehlen die Ökonomen in der Regel die Schaffung von Märkten, die angeblich liquide, effizient, sogar perfekt sein sollen. Das ist ihr wichtigstes Instrument, das sie in jeder denkbaren Situation einsetzen, um den Handel und damit das Wachstum zu steigern – zukünftig natürlich grünes, das versteht sich von selbst. Zur Reduzierung des CO_2-Ausstoßes: Einrichtung eines Marktes für Emissionsrechte, wie er in der Europäischen Union bereits existiert – und nicht die gewünschten Ergebnisse erbracht hat. Ein Unternehmen stößt mehr CO_2 aus als geplant – was soll's? Es kauft sich einfach die entsprechende Zahl an Emissionsrechten hinzu.

Nach dem gleichen Prinzip entstehen derzeit Märkte für Rechte auf die Zerstörung von Biodiversitätsparzellen: Wenn ein Unternehmen ein Ökosystem samt aller darin lebenden Tierbestände vernichtet, muss es auf Handelsplattformen dafür die entsprechenden Zertifikate erwerben. Die Schaffung von Märkten für Biodiversität ist kein Schutz der Natur, sondern deren zynischer Ausverkauf. Wer Biodiversitätszertifikate handelt, handelt mit Leben und Tod.

Diese Märkte sind dazu gedacht, die Zerstörung von natürlichen Lebensräumen irgendwo in der Welt durch Investitionen zu kompensieren, die vorgeblich an anderer Stelle neue Lebensräume schaffen.[6] Solche Märkte gibt es bereits im australischen Bundesstaat New South Wales und auch in Großbritannien. Auch in anderen Ländern wie Frankreich oder Neuseeland werden sie untersucht und voraussichtlich bald umgesetzt. Und wird die Natur nur als reines Kapital betrachtet, wird sie finanzialisiert. Mit Finanzialisierung meine ich die Vorherrschaft des Finanzsektors über alle anderen Wirtschafts- und Sozialbereiche und den fatalen Zwang zur Gewinnmaximierung. Konkret heißt das: Lebewesen, seien es Tiere oder Pflanzen, werden mit einem Preis zu versehen. Und das dient nicht etwa deren Schutz, sondern ermöglicht es, ihre geschmälerten Dienstleistungen auf neuen Märkten zu handeln, sie zu kaufen und zu verkaufen und dadurch Provisionen für die an diesen besonders verabscheuungswürdigen Deals beteiligten Finanzinstitute abzuwerfen.[7] Die Natur dergestalt zur Ware zu machen heißt, sie zu leugnen, sie zu zerstören und dabei noch zynisch so zu tun, als wollte man sie schützen. Sie unter dem Vorwand des Schutzes und einer effizienten Nutzung zu privatisieren bedeutet, die Menschheit einer lebenswichtigen, im Gemeineigentum befindlichen Ressource auf unmoralische und brutale Weise zu berauben.[8]

Regierungen, die solche Vorhaben pushen, geht es darum, den Schutz der Artenvielfalt vorzutäuschen und gleichzeitig die zu diesem im Widerspruch stehenden Wachstums- und Wettbewerbsfähigkeitsziele beizubehalten.[9] Diese Ziele beinhalten die Entwicklung neuer Finanzprodukte und Märkte, um die nachhaltig opportunistische Finanzwelt zufriedenzustellen. Die Aneignung von Lebewesen, um sie bei Bedarf auszurotten, wie es seit Langem beispielsweise bei der Sklaverei in der klassischen ebenso wie in ihrer modernen Ausprägung der Fall ist, wäre demnach immer noch erlaubt, vorausgesetzt, man wahrt auch weiterhin die Form und hält die Regeln ein – die Marktregeln natürlich. Das Maß ist wirklich voll!

Wäre der Markt effizient und perfekt, könnte er den Preis für eine Tonne CO_2 oder eine aussterbende Insektenart ja festlegen. Aber damit würde man den Märkten Eigenschaften zutrauen, die sie nicht besitzen, denn wenn etwas wertvoll ist, hat es keinen Preis. Eine Tierart würde sich dann durch einen »Marktwert« und ihren Nutzen für die Spezies Mensch auszeichnen oder besser gesagt: für die Kaste, die in ihrem Namen spricht und so extreme wie gefährliche politische und finanzielle Macht auf sich vereint. Von ihrem Thron, ihrem Privatjet oder ihrer Luxusjacht aus würde diese Kaste bestimmen, wer am Leben bleiben darf, weil er ihr noch von Nutzen sein kann, und wer zu entsorgen ist. Wahrscheinlich hält sie die Eisbären für faul, die Ameisen für überflüssig und Insekten ganz allgemein für Schädlinge. Doch wie sehen wohl die anderen Arten die Nützlichkeit der Spezies Mensch, die ihnen allen Schaden zufügt? Diese Frage kommt den Verfechtern der klassischen Wirtschaftslehre, so wie sie in der gedämpften Atmosphäre der akademischen Milieus unterrichtet und reproduziert wird, überhaupt nicht in den Sinn. Dort gibt man sich standesgemäß lieber »neutral«. Wenn man sich engagiert oder aktiv einbringt, dann eher für karitative Zwecke oder Wohltätigkeitsvereine – allzu häufig auch nur eine subtile Ausformung von Eigenliebe. Man achtet sehr genau darauf, sich nicht allzu weit aus dem Fenster zu lehnen ...

Die Finanzialisierung im Denken und die Vermarktung der zwischenmenschlichen Beziehungen hat ein beunruhigendes Ausmaß angenommen. Vor Kopernikus glaubte man, das Universum drehe sich um den Planeten Erde. Heute drehen sich alle Gattungen um eine einzige, den Menschen, und insbesondere um dessen herrschende Kaste. Diese macht sich zur Herrin über Leben und Tod aller anderen Arten, abhängig von deren jeweiliger Nützlichkeit und ihrem Marktpreis, und schert sich nicht im Geringsten darum, dass ihr Handeln unmoralisch und kriminell ist.

Was wir brauchen, ist eine echte kopernikanische Wende im sozioökonomischen Bereich, um die Dinge wieder ins richtige Licht zu rücken und endlich zu begreifen, wer sich um wen dreht. Die in diesem Buch beschriebenen Inquisitoren der Jetztzeit, also die Machtstrukturen, die meisten Medien und konventionellen Ökonomen tun allerdings alles dafür, dies zu verhindern und den Status quo beizubehalten.

Zur Aufrechterhaltung der Entfremdung gilt das klassische Prinzip von »Brot und Spielen«, dessen heutiges Pendant »Fastfood und Entertainment« ist. Jedwede Kritik daran wird bezichtigt, herablassend gegenüber den Konsumenten zu sein, die gierig sind auf Beiträge in den sozialen Netzwerken, auf fußballerische Spitzenleistungen von Millionären oder sogar Milliardären, die einem Ball voran- oder hinterherlaufen, auf Fernsehserien, die am Band produziert und reproduziert werden, häufig mit den gleichen Zutaten, sprich Gewalt und Vulgarität bis zum Abwinken. Trash-TV-Formate sind gang und gäbe wie das *Dschungelcamp* oder der *Bachelor*. Gesellschaftlich wichtige politische Debatten sind heute kein Austausch von Argumenten mehr, sondern verkommen zu billiger Unterhaltung für die Masse, die sich mehr um knackige Phrasen als um Wahrheit sorgt.

Die Oligarchie verlangt eine allgemeine Abstumpfung – eine geplante und unterrichtete Verdummung, deren Fortschreiten »nicht etwa die Auswirkung eines bedauerlichen Fehlfunktionierens unserer Gesellschaft ist, sondern im Gegenteil die notwendige Bedingung für ihr eigenes Wachstum«.[10] Die Erziehung zum kritikfähigen Bürger steht eindeutig nicht auf der Tagesordnung des aktuellen Bildungssystems.

Um Ablenkung zu erzeugen, stellt sich die »Gesellschaft des Spektakels«[11] permanent selbst zur Schau. Allerdings eine Show von mieser Qualität. Vierundzwanzig Stunden am Tag, sieben Tage die Woche spiegelt sie sich ihr eigenes Ebenbild zurück – Narzissmus und Schizophrenie ohne Grenzen. Sie macht es möglich, dass der Zuschauer auf dem Bildschirm zahlreiche virtuelle Aggressionen vorgeführt bekommt und dabei gleichzeitig zur Ruhe kommen will. Dass er einfachen Zugang zu einer Fülle von Filmen und Serien hat, die sich um Mord und alle möglichen anderen Gewalttaten drehen und dabei auf Sicherheit bedacht sind. Dass er Horrorfilme konsumiert und gleichzeitig Beruhigungsmittel schluckt. Obwohl dieser Zuschauer in den meisten Fällen mit Krieg direkt definitiv nichts zu tun haben will, bietet ihm die »Gesellschaft des Spektakels« zahllose Videos an, in denen die Spitzenleistungen von Massenvernichtungswaffen, ihr Verkauf und ihr Einsatz in weit entfernten Ländern hoch gelobt werden.

Unterhaltung ist grundsätzlich attraktiv und wirkt der Angst entgegen, die durch das endlose Medienpalaver über die Gefahr eines Atomkriegs in Verbindung mit dem Ukraine-Konflikt erzeugt wird. Und tatsächlich wurden wir 2022 mit Übertragungen von WM-Fußballspielen bombardiert, mit Bildern und Informationen über den Transfermarkt und den Einkauf von Spielern von Real Madrid und Paris Saint-Germain beziehungsweise Qatar Saint Germain oder mit der einen oder anderen belanglosen Aussage eines Fußballstars. Hauptsache, der Ball rollt weiter, auch wenn in der heutigen Welt im Grunde nichts mehr rundläuft. Na, leben wir denn nicht in einer großartigen Zeit?

Was liegt da mehr auf der Hand, als prinzipiell gegen Erderwärmung und den CO_2-Ausstoß zu sein, aber nicht zu wollen, dass die Medien allzu viel darüber berichten? Man lässt sich gut unterhalten von Formel-1-Rennen, für die man, falls man die Mittel hat, für einen Kurzaufenthalt nach Dubai fliegt, oder man schaut live zu, wie dieser oder jener Milliardär sich Richtung Mond oder Mars katapultieren lässt, um sich noch einen zusätzlichen Kick zu verschaffen. Manchem mag es verlockend erscheinen, Kurs auf die Arktis oder die Antarktis zu nehmen, um mit der Kamera eines Smartphones festzuhalten, wie riesige Eisblöcke schmelzen und verschwinden. All das ist die bewusste Entscheidung, aktiv an der Vernichtung der Lebensgrundlagen mitzuwirken – dekadenter Hedonismus auf Kosten künftiger Generationen.

Es ist leicht, die Augen davor zu verschließen, dass Krieg, Erderwärmung und Armut die Ursache für die Migrationsströme in Richtung der westlichen Länder sind. Den politischen Parteien, welche die Einwanderung auf blonde, blauäugige Menschen beschränken und alle anderen vertreiben möchten, kommt das im Übrigen sehr zupass. Und wie einfach ist es, den Blick von den mit Migranten übervoll geladenen, seeuntauglichen Booten abzuwenden, die beim Versuch das Mittelmeer zu überqueren Schiffbruch erleiden,[12] was regelmäßig Hunderte Todesopfer fordert, und sich stattdessen auf die kostspieligen Rettungsversuche von ein paar Milliardären zu konzentrieren, die sich an Bord des im Juni 2023 gesunkenen U-Boots Titan befanden.

Wer politische Debatten für informativ oder sogar unterhaltsam hält, wird Spaß an der gähnenden Inhaltsleere von Wahlabenden oder den immer gleichen Diskussionen im News-Channel haben. Wer sich Sorgen um den »Großen Bevölkerungsaustausch« macht, wird sich freuen, jemanden wie Björn Höcke oder Alice Weidel, Vorsitzende der AfD, mit Alibi-Gesprächspartnern diskutieren zu sehen, was die Aufmerksamkeit nur ablenkt vom – aktuell im Zeitraffer zu beobachtenden – Austausch von lebenden Milieus durch Plastikmüll und anderen Schrott, vom Austausch des Geistes der Aufklärung durch Rassismus und Verblödung im großen Stil. Anfang Januar 2025 hat eben diese Führerin sich auf der Plattform X über eine Stunde lang mit Elon Musk großgetan. Dabei konnte sie von einer unerwarteten Zuhörerschaft profitieren, um ihren absurden, abstoßenden Vorstellungen Gehör zu verschaffen.

Kurioserweise scheint sie von einem Kernpunkt ihres politischen Programms, der Remigration, nicht persönlich betroffen zu sein, obwohl sie doch selbst im Ausland lebt, genauer gesagt in der Schweiz. Und Elon Musk, dem Rasputin der Rechtsextremen und Libertären weltweit, ihrem wichtigsten Förderer und Geldgeber, wäre es zu wünschen, dass er sich schnellstmöglich auf den Mars begibt, dort bleibt und all seine Energie ausschließlich dem Anlegen und Pflegen eines braunen Sumpfs auf dem roten Planeten widmet.

Die Politik verkommt zu Medien-Fastfood, wo aktuelle Themen wie am Fließband schnell und »unterhaltsam« abgespult und von bulimischen Zuschauern verschlungen werden. Hahnenkampfarenen, wo die Talkshow-Gäste nur auf den markanten Spruch aus sind, der den Gegner mundtot machen soll, sprießen überall aus dem Boden, und die Show verkommt zum erbärmlichen, manchmal gar erbarmungslosen Schauspiel. Das Maß bei den Medien ist voll – Leere. Es reicht.

Sollte man sich dann wie im Film *Don't Look Up* etwas Spaß, Entspannung und Vergnügen gönnen und die aktuellen und künftigen Katastrophen ausblenden, in die der Beibehalt des Status quo uns unweigerlich führt? Sie filmen und fotografieren und in den sozialen Netzwerken posten, möglichst nichts verpassen vom Zusammenbruch eines toxischen Systems, das uns mit in den Abgrund reißt? Ist jetzt palliative Versorgung angesagt?

Das verschreiben uns mehrere Regierungen, indem sie sich einer Antwort auf die enormen Herausforderungen verweigern. So erklärte der französische Gesundheitsminister Aurélien Rousseau am 21. August 2023: »Wir müssen uns an ein Leben mit diesen extremen Hitzeereignissen gewöhnen« – wo er doch mit Sicherheit eher an Klimaanlagen gewöhnt ist. Manche Regierungen geben vor, die Herausforderungen zu begreifen, andere scheren sich nicht einmal darum. Das Ergebnis ist das gleiche: Trotz der zahlreichen Abkommen zur Begrenzung des Ausstoßes von CO_2 und anderen

Treibhausgasen steigt dieser unaufhörlich, und im Sommer greift die sengende Hitze weiter um sich.

Die Regierungen behaupten, für Millionen Menschen in der Verantwortung zu stehen, ohne sich ihr jedoch wirklich zu stellen. Sie machen sich gegenüber der Bevölkerung der Verantwortungslosigkeit, Tatenlosigkeit und Gefährdung schuldig. Man wird sich in Zukunft die Frage stellen müssen, ob es die Einrichtung eines internationalen Gerichtshofs braucht, um sie zu richten. Ihre Strategie läuft auf die Empfehlung hinaus, man sollte sich an Klimawandel,[13] Umweltverschmutzung und eventuell auch Atomunfälle anpassen und dadurch seinen Stress reduzieren – gewissermaßen wären unsere Ängste selbstverschuldet. Dabei wäre es eigentlich, genau andersherum, als die Aufgabe der Politiker anzusehen, die Gefahren abzuschwächen und dadurch unseren Stress abzubauen. Doch dazu sind sie ganz klar nicht in der Lage – sie sind viel zu sehr damit beschäftigt, ein in den letzten Zügen liegendes und todbringendes System an den Tropf zu hängen und so am Leben zu erhalten.

Die Wirtschaft muss von Grund auf neu ausgerichtet und in den Dienst der Mehrheit gestellt werden. Heute konzentriert sie Reichtum und Macht wie nie zuvor in der Geschichte in den Händen einer radikalisierten, inkompetenten Kaste, die uns von einer Katastrophe in die nächste führt. Gemäß seinem griechischen Ursprung bedeutet Ökonomie eigentlich »Hauswirtschaft«. Doch festzustellen ist, dass unser Haus sehr schlecht bewirtschaftet wird, nehmen doch soziale Ungerechtigkeiten, Umweltverschmutzung, Erderwärmung und Schulden ständig zu. Die Bilanz der konventionellen Ökonomen ist somit eindeutig negativ, und die Wirtschaftswissenschaft braucht dringend neue Paradigmen und Konzepte, um das gemeinsame Haus – sprich im Prinzip unsere Gesellschaft – zugunsten der Allgemeinheit vernünftig verwalten zu können. Gesellschaft geht zurück auf »Geselle«, ursprünglich »jemand, der im gleichen Haus (Saal) wohnt«, später auch »Gefährte«, dann »Handwerksgeselle«. Allerdings ist das derzeitige Wirtschaftssystem nicht vereinbar mit einer Gesellschaft, deren Mitglieder gesellig leben und Hand in Hand arbeiten.

Dies erzeugt auf allen Ebenen und allen Märkten, vor allem dem Arbeitsmarkt, Wettbewerb und dadurch den permanenten und gleichzeitig unerträglichen Druck, produktiv sein zu müssen – was wiederum zur Zerstörung von sozialen Bindungen führt.[14] Margaret Thatcher sagte übrigens 1987 während ihrer Zeit als Premierministerin, dass es gar keine Gesellschaft gebe.[15] Das System lässt nur Elementarteilchen eines giftigen Stoffs zu, atomisierte und isolierte Individuen im permanenten Wettstreit gegeneinander, die ihr Leben zugunsten der Interessen und Profite einer korrupten Elite vermarkten müssen.

Ohne echte Gesellschaft gibt es keine Demokratie, die diesen Namen verdiente. Eine zynische Macht legt allen demokratischen Bestrebungen einen Maulkorb an und versucht den Westen glauben zu machen, dass sie überflüssig seien, da es doch ausreiche, eine sogenannte Marktwirtschaft zu haben und alle vier oder fünf Jahre einen Präsidenten, Kanzler oder Ministerpräsidenten wählen zu können. Besonders in den Vereinigten Staaten wohnen wir gerade der Karikatur einer Demokratie bei, weil dort 2024 nur die Wahlmöglichkeit zwischen zwei gefährlichen und skrupellosen Größenwahnsinnigen bestand, die beide weltweit Spannungen pushen. Wetten, diese beiden Hochstapler würden sich 2028 gerne wieder zur Wahl stellen, wenn sie könnten?

In der heutigen Wirtschaft hat der Finanzsektor eine extreme, ja irrwitzige Macht erreicht, die den demokratischen Prinzipien, welche angeblich die westlichen Länder leiten, zuwiderläuft. Seine Agenda wird dem Normalbürger unabhängig von dessen politischen Neigungen aufgezwungen. Die Grundlagen der Wirtschaftspolitik bleiben dieselben, unabhängig davon, ob die Regierungen links oder rechts stehen. Vermögen und Einkommen konzentrieren sich immer stärker in den Händen einer winzigen Minderheit der Bevölkerung. Die Großbanken finanzieren weiterhin die Förderung fossiler Brennstoffe und die Produktion von Massenvernichtungswaffen, während sie sich verantwortungsbewusst, grün und nachhaltig geben. Sie gehen unverhältnismäßig hohe Risiken ein, die letztlich vom Steuerzahler getragen werden.

Und die akademische Welt in den Bereichen Wirtschaft, Finanzen und Management? Sie bietet den Befürwortern des Status quo eine vermeintlich wissenschaftliche Untermauerung, gestützt meist auf falsche Annahmen und windige Konzepte, die den Falschmünzern des Denkens Nährboden liefern – sofern man überhaupt noch von Denken sprechen kann. Rein fachtechnische Kenntnisse und die Reproduktion eines oftmals erstarrten Wissens sind die Norm. Die Wirtschaftswissenschaft an Universitäten ist nicht ausgerichtet, kritische Geister zu bilden, sondern gehorsame Soldaten für eine gescheiterte Ideologie – getrimmt auf Anpassung, nicht auf Aufklärung.

Die finanzkapitalistische Wirtschaft und ihre zynische Oligarchie verdammen uns dazu, von einer Katastrophe in die nächste zu taumeln – das ist eine ebenso unbestreitbare wie erschütternde Feststellung. Das Maß ist voll, es ist an der Zeit, eine neue Seite aufzuschlagen.

1 Ein zerstörerisches, toxisches System

»Niemand hat das Recht zu gehorchen.«
Hannah Arendt bezieht sich auf Immanuel Kant in einem Interview über den Prozess gegen den NS-Verbrecher Adolf Eichmann 1964

Wie kann ein derart aggressives und schädliches System[1] immer noch weiter grassieren, wie überhaupt fortbestehen? Angesichts seines fortgeschrittenen Zerfalls hätte es längst verschwinden und durch eine echte Gesellschaft abgelöst werden müssen, deren Mitglieder zusammenarbeiten: in einem Wirtschaftssystem ohne Vermarktung der zwischenmenschlichen Beziehungen und damit von der Diktatur der Märkte befreit.

In der Geschichte schwappte tatsächlich eine revolutionäre Welle durch die Welt und besonders Europa, ausgehend 1917 von Russland über Spanien und vor allem Katalonien, wo sie sich 1936 brach. In einer bereits damals – auch durch den Ersten Weltkrieg – globalisierten Welt gab es für den Kommunismus als klassenlose, staatenlose und wertgesetzlose Gesellschaft nur die Alternative, sich über den gesamten Globus zu verbreiten oder zu verschwinden. Der Stalinismus machte sich die erhebliche Verbreitungsproblematik der Revolution zunutze, um sie zu zerschlagen und soziale Bewegungen generell in falsche Bahnen zu lenken, wo immer er konnte und kann – das ist im Übrigen seine historische Daseinsberechtigung. Die »Sowjetunion«, ihre Satellitenstaaten und China damals als kommunistische Länder darzustellen, war eine schamlose und hinterhältige Lüge, die den westlichen Regierungen die Behauptung ermöglichte, jede Revolution könne nur zu einem totalitären System führen.

Kapitalismus in unterschiedlichen Ausprägungen

In Wirklichkeit handelte es sich hier um die Diktatur eines besonders gewalttätigen Staatskapitalismus, der zu einer Anhäufung von Reichtum in den Händen einer zynischen Kaste führte – eine Situation, die von vielen Autoren, darunter der Revolutionär Grandizo Munis sowie George Orwell[2], klar analysiert wurde. Der Stalinismus war zwar ein Rivale der klassischen, sogenannten liberalen Ausprägung dieses Systems, wie sie unter anderem im Westen etabliert wurde, doch bei der Überwachung und dem Verbot der sozialen Bewegungen hielt er es genauso, noch dazu auf besonders brutale und effektive Weise. Und genau in dem Maß, wie diese Bewegungen an Intensität abnahmen, verlor der Stalinismus seine wesentliche Funktion für das Überleben des Kapitalismus. Mithilfe von als Steigbügelhalter fungierenden Massenmedien und sozialen Netzwerken sowie einer militarisierten Polizeiorganisation gelang es der »liberalen« Form bislang, sich abzeichnende soziale Bewegungen zu kontrollieren oder direkt zu zerschlagen. Warum sich mit einem Rivalen belasten, wenn man den Job selbst erledigen kann?

Heute herrscht die klassische Variante vor, die seit den 1980er-Jahren erst neoliberal und seit der Krise von 2008 immer libertärer geworden ist. Sie zwingt den Steuerzahler dazu, regelmäßig für große Einrichtungen, vor allem für Finanzinstitute, Geldspritzen zu verabreichen – im totalen Widerspruch zur liberalen Doktrin, wonach Unternehmer die mit ihren Investitionen verbundenen Risiken selbst zu tragen haben. Ohne diese Subventionen wären die meisten dieser Einrichtungen längst pleite. Die Führungskräfte der großen Finanzhäuser predigen Unternehmertum und Risikobereitschaft, praktizieren sie jedoch nicht.

Globalisierung, Digitalisierung und Finanzialisierung der Wirtschaft in Verbindung mit Fortschritten insbesondere bei Technologien und Informatik haben ein System der beschleunigten Anhäufung und Konzentration von Reichtum und Profit ermöglicht, wie es bis dato in der Geschichte noch nicht da gewesen ist. Dass beispielsweise drei Einzelpersonen, Elon Musk (Tesla, X und SpaceX), Mark Zuckerberg (Meta) und Jeff Bezos (Amazon und *Washington Post*), mit jeweils einer angehäuften Beute im März 2025 in der Größenordnung von 200 bis 300 Milliarden Dollar um den ersten Platz auf der Weltrangliste der reichsten Menschen konkurrieren, ist so absurd wie grotesk und unerträglich. In einer Zeit, in der die Hälfte der Erdbevölkerung unter sehr schwierigen, ja sogar elenden Bedingungen überlebt, werden zwielichtige Figuren, die sich durch ihre Gier nach Kapital und überbordendem Luxus auszeichnen, von etlichen Medien in den Himmel gelobt und von unter Einfluss stehenden Politikern auf ein Podest gehoben.

Im Laufe der Zeit sind weitere Formen des Kapitalismus entstanden. Der Aufstieg des Faschismus und später des Nationalsozialismus in den 1930er-Jahren war eine Folge des Stalinismus, der auf die Vernichtung derjenigen hingewirkt hatte, die sich der Machtübernahme durch die braune Pest erfolgreich hätten widersetzen können. So gelang es der von Moskau gesteuerten »kommunistischen« Partei in Spanien, den revolutionären Pol im sogenannten republikanischen Lager zu vernichten und damit den Boden für den Sieg von Francos aufständischen Truppen zu bereiten. Das demnach im Wesentlichen auf den Stalinismus zurückzuführende Scheitern der revolutionären Welle ebnete den Weg für ultranationalistische und antisemitische Diktaturen. In Paris nahm zwischen Juni und Ende August 1940 die Kommunistische Partei Frankreichs sogar Kontakt zu den deutschen Besatzungsbehörden auf, und es kam zu geheimen Verhandlungen über das erneute Erscheinen der Zeitung *L'Humanité* sowie generell über die Legalisierung der von der Regierung von Édouard Daladier im September 1939 aufgelösten KP. Einige der Verhandlungsführer wurden von der französischen Polizei verhaftet und nach dem Einschreiten der Besatzungsbehörden wieder freigelassen.[3]

Außerdem war der Aufstieg der braunen Pest, wie Karl Polanyi herausarbeitete[4], eine Antwort auf die schwere Krise des liberalen Kapitalismus zwischen 1929 und 1931.[5] Dieser, wie er unter anderem in den Vereinigten Staaten anzutreffen war, hatte es hervorragend verstanden, sich mit den genannten Diktaturen zu arrangieren, und auch dadurch schneller aus der Krise gefunden. In den USA arbeiteten die Regierung und viele große Unternehmen mit Nazi-Deutschland zusammen, solange es seine Kriegsanstrengungen auf Russland konzentrierte.

Die Organisation eines Blitzkriegs gegen Russland, die Niederlande, Belgien und Frankreich wäre ohne die Öllieferungen von Standard Oil of New Jersey (später Exxon) viel schwieriger gewesen. Deren Partner in Deutschland war niemand anderes als die IG Farben, die unter anderem das Zyklon-B-Gas herstellte, mit dem Millionen von Menschen in den Konzentrationslagern umgebracht wurden. Einen solchen Krieg ohne die in Köln produzierten Ford-Lastwagen zu führen, ohne die Lkw von General Motors, die in den Opel-Werken bei Mainz hergestellt wurden, ohne das Know-how von ITT und anderen[6], wäre für das Dritte Reich höchst riskant gewesen. Gemeinsam hatten Ford und General Motors 1939 circa 70 Prozent des deutschen Automobilmarktes inne und lieferten der Wehrmacht die verschiedensten für den bevorstehenden Krieg erforderlichen Fahrzeuge.[7] Auch die Union Banking Corporation, deren Co-Präsident 1942 Prescott Bush, Vater und Großvater der amerikanischen Präsidenten gleichen Namens, war, ist bekannt für ihre Geschäfte mit Nazi-Deutschland und besonders für ihre engen Verbindungen zum Essener Stahlkonzern Thyssen.

Die Firma IBM verdiente dank ihrer umfangreichen Geschäfte mit dieser blutigen Diktatur ebenfalls immens viel Geld.[8] Allein zwischen 1934 und 1938 verdoppelte sich der Wert ihres Tochterunternehmens DEHOMAG. Es ging um eine effiziente Organisation der grausamen und in den meisten Fällen zur Ermordung führenden Repression jeglicher Form von Opposition. Zu diesem Zweck setzte IBM die mechanische Tabelliermaschine mit ihren Lochkarten ein, den Vorläufer des Computers. Dank dieser ersten Phase der Automatisierung sowohl in der Produktion als auch in der Bevölkerungskontrolle wurde die Vernichtungsmaschine des Regimes besonders wirksam. Die Zusammenarbeit mit IBM ermöglichte es den Nazis, die Juden zu identifizieren, um sie zu enteignen und der Vernichtung zuzuführen, sowie die Fahrpläne und den Betrieb der Züge, auch zu den Konzentrationslagern, zu rationalisieren. Die Nutzung dessen, was wir heute als »Big Data« bezeichnen, hatte also bereits in den 1930er-Jahren in Nazi-Deutschland dank der Aktivitäten dieses Unternehmens begonnen.

Coca-Cola, deren Abfüllanlagen sich in Essen befanden, erzielte vor allem während der Olympischen Spiele 1936 in Berlin sehr hohe Gewinne: Zwischen 1934 und 1939 stiegen die Verkaufszahlen in Deutschland um das Achtfache.[9] Anders als das nicht gerade für seine stimulierende Wirkung bekannte Bier sollten die Getränke des Konzerns den Arbeitern die nötige Energie geben, um immer größere Mengen für das Dritte Reich zu produzieren.

Während dieser Zeit wurden in Deutschland alle sozialen Forderungen, auch die der Gewerkschaften, unterdrückt, wodurch sich die Profite der Unternehmen, darunter auch die der amerikanischen, stark erhöhten. Über die Bank für Internationalen Zahlungsausgleich in Basel wurde ein Großteil dieser Gewinne in die USA transferiert. Und deshalb sollte erwähnt werden, dass laut Milton Friedman, Träger des Pseudo-Nobelpreises für Wirtschaft[10], die einzige soziale Verantwortung eines Unternehmens darin bestehe, seine Gewinne zu steigern und Wert für seine Aktionäre zu schöpfen, ohne ethische Rücksichtnahmen. Und genau das haben die eben genannten Unternehmen bei ihren Geschäften mit Deutschland in der Nazi-Zeit auch getan.

Insofern gab es zwischen diesen beiden Ausprägungen des Kapitalismus tief reichende Verbindungen, die auch nach dem Ende des Zweiten Weltkriegs noch Bestand hatten. Davon zeugten zum einen die blutigen Militärdiktaturen in Südamerika, die mit aktiver Unterstützung der CIA[11] und unter Mitwirkung ehemaliger in diese Länder geflüchteter Nazis errichtet wurden. Wesentlich war auch die Unterstützung der Chicagoer Schule, die dafür plädierte, dem Neoliberalismus Vorrang vor der Demokratie einzuräumen.

Friedrich A. von Hayek, neben Milton Friedman einer ihrer »Päpste« und wie dieser Träger eines Pseudo-Nobelpreises für Wirtschaft, schrieb: »Die Schwäche einer allmächtigen demokratischen Regierung wurde von Carl Schmitt, dem großartigen deutschen Analytiker der Politik, klar erkannt; er, der in den 1920er-Jahren wahrscheinlich besser als jeder andere den Charakter der sich damals entwickelnden Regierungsform verstanden hat.«[12] Es sei daran erinnert, dass Carl Schmitt, der einen starken Staat und eine gesunde Wirtschaft befürwortet, einer der wichtigsten Juristen des Dritten Reichs war und sich bereits 1933 dem Nationalsozialismus anschloss. Hayek schrieb des Weiteren: »Es ist denkbar, dass eine autoritäre Regierung auf der Grundlage liberaler Prinzipien handeln kann.«[13] Friedrich von Hayek, dieser gefeierte Held der Neoliberalen, bewunderte Carl Schmitt, den Chefideologen der Nazis, und entlarvte den Neoliberalismus selbst: Demokratie oder was noch davon übriggeblieben ist, ist ein Hindernis, das es zu beseitigen gilt.

Zum anderen ließen sich die Managementmethoden der sogenannten liberalen Ausprägung des Kapitalismus, insbesondere im Nachkriegsdeutschland, häufig vom »Know-how« der Nazis inspirieren. So hatte zum Beispiel, wie von Professor Johann Chapoutot, dargestellt, der Jurist Reinhart Höhn, SS-Führer und General, seine

»Kompetenz« in Menschenführung und »Human Resources« schon ab 1950 recyceln können.[14] Denn ganz gleich, ob man diese Ressource für die Produktion oder die Vernichtung (durch Arbeit)[15] einsetzte – es ging darum, sie optimal zu nutzen. So gründete und leitete er ab 1956 die Akademie für Führungskräfte der Wirtschaft Bad Harzburg, die lange aktiv war. Laut Johann Chapoutot wurden dort bis zum Tod ihres Gründers im Jahr 2000 beinah 600 000 Führungskräfte aus den wichtigsten deutschen Unternehmen sowie 100 000 Personen im Fernstudium weitergebildet.[16]

Viele dieser großen Firmen hatten sich während des Kriegs immens bereichert, dank der aktiven Unterstützung, die ihre Geschäftsleitung und ihre Besitzer Hitler hatten zukommen lassen. Die Nachfahren dieser Industriekapitäne, dieser Bank- und Versicherungsdirektoren profitieren bis heute schamlos von dem damals angehäuften, vom Blut der Sklaven und unzähligen anderen Opfern, die ihn erarbeiten mussten, rot gefärbten Reichtum.[17] Auch die Bundeswehr und die Behörden zeigten sich sehr empfänglich. Viele der hohen Tiere im Nazi-System, denen die Rationalisierung der Massenvernichtungsindustrie zuzuschreiben ist, wurden in der Bundesrepublik tonangebend.[18]

Dieser Managementstil, mit dem der Klassenkampf ausradiert und ein Imagegewinn gegenüber dem Ostblock erzielt werden sollte, setzte auf die Übertragung von Verantwortung. Antisemitismus und Rassismus wurden dem Schein nach abgestellt und nur noch eine Arbeitsorganisation propagiert, in der der Arbeitnehmer die »Freiheit« besitzt, seinem Vorgesetzten, der durch eine Zielvorgabe die Arbeit bestimmt, zu gehorchen, in der der Ausführende sich scheinbar frei dafür entscheiden kann, mit welchem Mittel er diese umsetzt, und in der der Untergebene sich sozusagen freiwillig in seine Unterwerfung fügt. Dieser angeblich befreiende Gehorsam ist in Wahrheit nichts anderes als Entfremdung. Ende des 20. Jahrhunderts verdrängte allmählich das von dem Amerikaner Peter Drucker befürwortete und angeblich liberalere »Management by Objectives« in den Managementschulen die »Übertragung von Verantwortung«, baute aber gleichzeitig auch darauf auf.

Auf der Liste der verschiedenen Arten von Kapitalismus darf auch der auf die radikale Ausprägung des Islam mit seiner strikten Anwendung der Scharia[19] gestützte Kapitalismus nicht fehlen. Er wird exemplarisch durch die Ölmonarchien des Persischen Golfs verkörpert. Die dort etablierte vertikale Hierarchie impliziert einen strikten Gehorsam gegenüber den lokalen Herrschern. Die religiösen, juristischen (auf islamischem Recht beruhenden) und wirtschaftlichen (mit der massiven Ausbeutung der fossilen Bodenschätze) Strukturen wurden miteinander verknüpft, um Diktaturen zu errichten.

Andere diktatorische Regime in der Region, etwa das des ehemaligen ägyptischen Präsidenten Mohammed Mursi oder die im Gazastreifen herrschende Hamas[20], stehen in der Nachfolge der Muslimbruderschaft. Diese wurde 1928 in Ägypten gegründet und stand von Anfang an unter dem Einfluss des Faschismus, der in Italien bereits an der Macht war, und des in Deutschland aufstrebenden Nationalsozialismus. Der Gründer der Bewegung Hasan al-Bannā stand wie auch der Großmufti von Jerusalem Mohammed Amin al-Husseini in regelmäßigem Kontakt mit Nazifunktionären. Von seiner Ankunft in Berlin im November 1941 an setzte er sich aktiv für die Verbreitung der antisemitischen Propaganda des Dritten Reichs im Orient über Kurzwelle ein.[21]

Der libertäre Neoliberalismus verträgt sich ausgezeichnet mit dem islamistischen Despotismus, gerade auch dem der Golfstaaten. Die westlichen Regierungen verkaufen ihnen eifrig Waffen und verschließen die Augen vor den damit verübten Massakern. Dazu kaufen sie unter Verstoß gegen das von ihnen selbst ratifizierte Pariser Klimaabkommen den Golfmonarchien riesige Mengen Erdöl und Flüssiggas ab, erleichtern ihnen Investitionen in Europa und setzen sich dafür ein, dass sie gigantische Sportevents ausrichten.

All diese unterschiedlichen Spielarten des Kapitalismus und ihre jeweilige Handhabung haben Gemeinsamkeiten: Die Bevölkerung wird streng kontrolliert und intensiv überwacht und die öffentliche Meinung beziehungsweise das, was davon noch übrig ist, umfassend manipuliert, mithilfe der neuen Informations- oder besser Desinformationstechnologien.

Dieses System wird von einer Oligarchie gesteuert, die es sich in ihren klimatisierten Luxusvillen, in ihren Superjachten, in ihren Privatjets und zur Not in ihren privaten Atombunkern bequem macht und von dort aus, je nach eigener Interessenlage, Entscheidungen trifft, die Folgen für alle haben: für die, die unter den Hitzewellen ächzen, die verhungern oder in den von der Oligarchie verursachten Kriegen sterben, die an Armut und an durch Entwaldung und Verlust von Artenvielfalt ausgelösten Pandemien leiden. Für normale Menschen ist dieses System ein regelrechtes Geschwür.

Um ihre Diktatur durchzusetzen, kommt diese Oligarchie im Gewand des Liberalismus daher. Die Freiheit, die Umwelt zu verschmutzen, die Natur in großem Ausmaß zu zerstören, die Treibhausgasemissionen weiter in die Höhe zu treiben, grotesken und irrsinnigen Reichtum in wenigen Händen zu konzentrieren und die Lebens- und Arbeitsbedingungen der Mehrheit der Menschen zu verschlechtern – diese Freiheit ist de facto eine Diktatur.

Welcher Sozialvertrag?

Historisch gesehen haben sich die Aufklärung und der mit ihr verbundene Liberalismus von Anfang an der absolutistischen politischen Macht von Fürsten und Kirche widersetzt. Dahinter steckte die Absicht, den Naturzustand endgültig hinter sich zu lassen und zu einem Rechtsstaat zu gelangen, einem repräsentativen System und einer rationalen Organisation der im Werden befindlichen Gesellschaft. Es sollte der jedem privaten Interesse innewohnende Egoismus in eine Art positiver Allianz durch Handel verbundener Einzelpersonen verwandelt werden. Diesem Gedanken folgend würde das Streben nach persönlichen Zielen dank des Handels gleichzeitig den Interessen einer Mehrheit zugutekommen.[22]

Um diese Art von Zivilgesellschaft zu errichten, bedurfte es eines Sozialvertrags der Bürger untereinander, die an die Stelle der Massen treten sollten, welche vom vorher existierenden, prinzipiell grausamen und willkürlichen Naturzustand bedroht waren. Eine gezügelte individuelle Freiheit sollte das Gemeinwohl fördern. Diesem Ansatz zufolge braucht es einen solchen Pakt auch heute noch, es sei denn, dass in Zeiten von Energiesparmaßnahmen und Obskurantismus das Licht der Aufklärung erloschen ist. Nur welchen? Den Pakt von Rousseau, der dem Wesen nach demokratisch ist, der die Französische Revolution vorwegnimmt, durch den ein Volk willentlich zum Souverän wird, ein Pakt, bei dem sich die Bürger zusammentun? Oder den von Hobbes, der schon ein Jahrhundert früher entstand, der dem Wesen nach despotisch ist und den Schwerpunkt auf die gewerbliche Wirtschaft, die vertraglichen Regeln und den Schutz des Eigentums legt?

Im ersten Fall wäre der Gesellschaftsvertrag die einzig mögliche Grundlage für die Legitimität der Beziehungen, also der Rechte und Pflichten, innerhalb der Zivilgesellschaft. Die Bürger erwerben durch den Verzicht auf ihre natürliche Freiheit eine zivilisatorische Freiheit; sie tun sich zusammen, um einen Staat zu gründen, der durch sein Wirken zugunsten des Gemeinwohls legitimiert und somit ein Garant für Gleichheit und Freiheit sein sollte.

Diese beiden Prinzipien bilden zusammen mit der Brüderlichkeit das Motto eines Landes wie Frankreich[23] und sind tatsächlich auch auf dem Dreiecksgiebel vieler seiner öffentlichen Einrichtungen, einschließlich der Schulen, zu sehen. In Wirklichkeit sind sie jedoch mehr virtuell als real und gehören eher in Museen, die der Französischen Revolution gewidmet sind. Zu Schlüsselthemen wird das Volk nicht befragt, als wäre die Demokratie oder das, was von ihr übrig geblieben ist, zu wichtig, um sie den Bürgern zu überlassen, die zu hörigen Untertanen degradiert werden. Die unsäglichen sozialen Ungerechtigkeiten, nicht nur in Frankreich, lassen die Grundsätze von Gleichheit und Freiheit zu einem Trugbild verkommen, das zu Propagandazwecken eingesetzt wird, insbesondere an den Nationalfeiertagen vieler vorgeblich demokratischen Länder. Auch die Gesellschaft, die ja nur im zivilgesellschaftlichen Bündnis zwischen Bürgern, die sich für das Gemeinwohl zusammengeschlossen haben, einen Sinn ergibt, ist eher eine Ausgeburt des Geistes als eine greifbare Realität.

Im zweiten Fall hat Hobbes' Leviathan absolute Macht über in Unterwerfung vereinte Untertanen, die nur so lange frei sind, wie sie seinen Willen befolgen. Es wären also die Angst vor dem Tod und die Sehnsucht nach Sicherheit, die sie dazu bewegten, dem Leviathan eine solche Macht zu verleihen.[24] Es gehe darum, die wirtschaftlichen und sozialen Funktionsweisen rational zu gestalten, um einen Naturzustand zu vermeiden, der seinem Wesen nach nur aus fortwährenden Bürgerkriegen bestünde. Ein auf einen starken Staat gestützter Despotismus wäre dann der Garant für Sicherheit und Stabilität.

Es ist im Gegenteil zu sehen, dass der Leviathan in den verschiedenen Ländern mehr oder weniger stark wütet.[25] Ihn zeichnet aus, dass er nicht einmal den Schein eines Sozialvertrags wahrt, denn in Zeiten schwerer sozialer, wirtschaftlicher und umweltbezogener Krisen stellt er sich als unfähig heraus, den Menschen die versprochene Sicherheit zu bieten. Dieses System bewirkt im Gegenteil eine wachsende Unsicherheit, mit der es spielt, um seine immanente absolute Macht und die – teils freiwillige, teils unfreiwillige – Unterwerfung zu festigen. Die Bürgerkriege, die es verhindern sollte, sind nicht verschwunden, und wir sehen uns fortwährend mit bewaffneten Auseinandersetzungen sowie der Gefahr eines weltweiten Flächenbrands konfrontiert. Insofern ist die Legitimität der Mächtigen nur eine Fiktion, welche all die Bedrohungen des Naturzustands, die Hobbes eindämmen wollte, wieder zum Vorschein bringt. Damit gemeint ist der Aufstieg des libertären Extremismus, der später behandelt wird.

Dieser libertäre Neoliberalismus ist eine radikalisierte Form des Kapitalismus, in dem die Oligarchie, ihre Konglomerate und ihre Finanzkonzerne völlig unkontrolliert und undemokratisch im Namen der sogenannten freien Märkte herrschen – absolute Freiheit für die Mächtigen und absolute Knechtschaft für den Rest. Hier führt also das Recht des Stärkeren, also der Oligarchie, ein brutales Regime. In einer sogenannten Marktwirtschaft oktroyiert es den Wettbewerb auf, den Krieg jeder gegen jeden, was eine Verleugnung der Gesellschaft und ein Zurück zum Naturzustand darstellt. Der domestizierte Bürger, den man nach Belieben schröpfen und ausnehmen kann, ist vor allem für die Wirtschaft oder im Krieg von Wert. Und übrigens gemäß Hobbes in seinem Werk *Leviathan*: »Was ein Mensch gilt oder wert ist, ist, wie bei allen anderen Dingen, sein Preis, das heißt so viel, wie für den Gebrauch seiner Kraft gegeben wird.«

Die für die Republik, also für die Res publica oder »öffentliche Sache«, typische redliche Vermittlung zwischen den Interessen verschiedener Klassen mit dem Ziel einer gewissen Gleichbehandlung der Individuen ist nur noch eine Fiktion. In Wirklichkeit sind es die »private Sache«, die *Res privata,* und deren Interessen, die die öffentliche Sache knechten.

Die derzeitigen politischen Systeme sind ein Verrat an den großen, zu ihrer Zeit modernen Entwürfen von Hobbes oder Rousseau. Deren bahnbrechende Annahmen gingen zwingend mit der Vorstellung von einem Staatsgebilde einher. Ein Gesellschaftsvertrag sollte dieses legitimieren und theoretisch rechtfertigen, im Unterschied zu den ständigen Kriegen und der Willkür, die mit der absolutistischen politischen Macht des Fürsten und der Kirche einhergingen, und damit auch zum Naturzustand in seiner damaligen Ausprägung.

Bei diesem Kuhhandel, der den Menschen aufgenötigt wird, veräußern sie ihre Freiheit, bekommen aber im Gegenzug keine Garantie für echte Sicherheit. Der Rechtsstaat, in dem sie vermeintlich leben, läuft im Grunde auf das hinaus, was das Staatswesen einmal war, bevor dessen Gewalt dem Recht untergeordnet wurde. Das heißt: Er besitzt eine mit Gewalt durchgesetzte Kontrolle und Staatsführung[26], der sich die Untertanen meistens fügen. Das ist Stand der Dinge.

Heute ist die Macht tatsächlich absolut und gleichzusetzen mit der Willkür eines Fürsten, der von seinesgleichen oder seinem Hofstaat gewählt beziehungsweise ernannt wird. Sie liegt in den Händen einer Oligarchie, für die nichts über ihre Privatinteressen und die daraus zu ziehenden, völlig unverdienten Gewinne geht. Sie vernichtet die Natur in großem Maßstab bei dem Versuch, ihren abscheulichen, unersättlichen Hunger nach materiellen Reichtümern zu stillen.

Sie besitzt die Schlüssel zur staatlichen Gewalt und missbraucht diese nach Belieben, um die mit ihrer Herrschaft einhergehenden Vorteile zu behalten und das Gemeinwohl mit den Füßen zu treten. Die Demokratie wird zur Maske der Tugend für einen von kriminellen und zynischen Oligarchen ausgeübten Despotismus; dieser verstößt permanent gegen den Sozialvertrag[27], so er überhaupt existiert. In Wahrheit handelt es sich dabei allerdings nur um eine Fiktion, einen von Demagogen wiederkehrend skandierten Slogan im Wahlkampf – und selbst rechtmäßig gewählten Regierungen haben so gesehen keinerlei Legitimität. Beide Arten von System haben sich zu einem Überwachungskapitalismus entwickelt, wie er in den Vereinigten Staaten, China und anderswo hervorsticht.

Wie La Boétie im 16. Jahrhundert ausführte, dauere die Tyrannei an, weil die Völker freiwillig in Knechtschaft verharren.[28] Diese Analyse hat auch heute noch Bestand. Indem sie sich den Mächtigen unterwerfen, laufen die Durchschnittsbürger nicht nur ihrer eigenen Natur, sondern auch ihren grundlegendsten Interessen zuwider. Diese Unterwerfung bewirkt, dass ein moribundes, kurz vor dem Bankrott stehendes System sich noch aufrechterhalten kann.

Die Oligarchie und ihre Betonsprache

Zu jeder Diktatur gehört eine bestimme Ausdrucksweise, eine spezielle Sprache, die darauf abzielt, das Denken auszulöschen und die Massen zu manipulieren. Ihre Unterjochung soll durch das Ausmerzen ihrer potenziellen intellektuellen Waffen verfestigt werden.

Hier fällt einem natürlich George Orwells berühmter Roman *1984* ein. »Neusprech« ist darin ein Werkzeug zur Zerstörung des Denkens in einer Diktatur stalinistischer Ausprägung. Dort sagt Syme aus der Forschungsabteilung des Ministeriums für Wahrheit: »Wir zerstören tagtäglich Wörter, Dutzende von Wörtern, Hunderte von Wörtern. Wir reduzieren die Sprache auf ihr nacktes Gerüst. [...] Begreifst du denn nicht, dass Neusprech nur ein Ziel hat, nämlich den Gedankenspielraum einzuengen? Zu guter Letzt werden wir Gedankendelikte buchstäblich unmöglich machen, weil es keine Wörter mehr geben wird, um sie auszudrücken. [...] Die Revolution wird vollendet sein, wenn die Sprache perfekt ist.«

Die Denkfähigkeit schrumpft in dem Maße, wie die Gesamtheit der sie stützenden Begriffe nicht nur quantitativ, sondern auch qualitativ zurückgeht. Sie wird schwieriger, wenn sie nur über einen begrenzten sprachlichen Fundus verfügt, der hauptsächlich technischer und pseudo-wissenschaftlicher Art ist und die Nuancen und Feinheiten des kritischen Denkens gar nicht mehr auszudrücken vermag.

In seinem Buch *LTI – Notizbuch eines Philologen*[29], analysierte Victor Klemperer die von der Nationalsozialistischen Diktatur zu Propagandazwecken verwendeten und aufoktroyierten Begrifflichkeiten, die dem Gefügigmachen des Geistes dienen sollten. Die Sprache des Dritten Reichs entmenschlichte dessen Feinde. Sie forcierte den Gebrauch von Neologismen als ideologischer Unterbau. Dabei handelte es sich oft um allgemein verständliche Begriffe, die, neu kombiniert und umgedeutet, zur Fanatisierung und Mystifizierung beitrugen: »arische Rasse«, »Volk«, »Endsieg«, »Judenfrage« und viele weitere mehr. Auch Euphemismen wie etwa »Endlösung« oder »Sonderbehandlung« wurden eingesetzt, um eine grauenvolle Wirklichkeit übertünchen.

Durch die Nutzung eines stark beschränkten, kriegstreiberischen und von Wiederholungen strotzenden Vokabulars sucht auch der Neoliberalismus zu fanatisieren und zu verschleiern. Er schafft Mythen, wie die Erfordernis eines kontinuierlichen Wachstums oder den gerechten Krieg – als solcher wird er zumindest von Schmierenkomödianten mit martialischen Allüren bezeichnet. Er fordert Opfer, darunter als Kanonenfutter, um ihnen gerecht zu werden. Er verwendet in seiner libertären Ausprägung ebenfalls eine armselige nationalistische Propaganda mit militaristischen Einschlägen, bei der es um »Falken« im Sturzflug oder doch wohl eher im Blindflug geht, um »Verteidigung der einheimischen Wirtschaft«, »Wettbewerbsfähigkeit« sowie die Bewegungen MAGA, MEGA und sonstige Gagas.

Die Massen mitzureißen bleibt aktuell. Die hohlen Phrasen werden dann noch mit für die meisten Menschen unverständlichem Finanzkasino-Gewäsch ausgeschmückt. Zum einen wird also im Neoliberalismus der Sinn bestimmter Wörter zerstört oder verschoben und verändert, zum anderen werden komplizierte technische Ausdrücke und Abkürzungen aus dem Fachjargon der Oligarchen verwendet oder sogar neu geschaffen: Stagflation, technische Rezession, unkonventionelle Geldpolitik, quantitative Lockerung, Hochfrequenzhandel, Derivate, Hebelwirkung, Höhe des Umlaufvermögens, Online-Trading-Plattform, Krypto-Devisen, Krypto-Assets, Stable Coins, Bitcoins, Hedgefonds, FED, EZB, SNB, BIZ, CEO, CFO, ETF – die Liste ließe sich noch beliebig fortsetzen.

Werden diese Substantive mit Verben, Adverbien und Adjektiven kombiniert, lassen sich beliebig viele Sätze erzeugen, die eine Betonsprache zementieren, deren Codes nur Eingeweihte besitzen. Dieses Geschwafel ist so lächerlich wie anmaßend und nützt nur den neoliberalen Technokraten, diesen Schmierenkomödianten. Sie verwenden es, um Medienauftritte theatralischer zu gestalten, um ihre eigene Hohlheit zu verbergen und um die Durchschnittsbürger zu verwirren oder sogar einzuschüchtern.

In ihrem Diskurs werden die Märkte als effizient, ja perfekt bezeichnet und mit einem gottähnlichen Status versehen. Die Religion der neoliberalen Wirtschaft gibt sich als Wissenschaft aus und benutzt eine Sprache, die einschüchtert, ausschließt und manipuliert. Sie schüchtert ein, weil sie wissenschaftliche Kenntnisse vorgaukelt, sie schließt aus, weil sie unverständlich und langweilig ist, und sie manipuliert, eben weil die Mehrheit nicht in der Lage ist zu verstehen, was sich dahinter verbirgt.

Angewidert und leicht benommen wenden sich die Menschen leider häufig der extremen Rechten oder der libertären Spielart des Kapitalismus zu. Für die in diesen Kreisen verwendete vereinfachende, brutale, rassistische, ekelerregende Sprache stehen Individuen wie Donald Trump, Elon Musk oder Javier Milei, bei denen Neofaschismus und zweifelhafte, um nicht zu sagen, mafiöse Geschäfte zusammenkommen. Hier finden wir das Thema des Theaterstücks *Der unaufhaltsame Aufstieg des Arturo Ui* von Bertolt Brecht wieder, eine Parabel auf die Machtergreifung Hitlers, deren Handlung im Milieu des organisierten Verbrechens angesiedelt ist.

Wo blutrünstige und verblödete Tyrannen von den Medien beweihräuchert werden und wo die News-Channel rund um die Uhr Desinformation ausstrahlen, wird der Intellekt von der Bildfläche verdrängt. Stattdessen wird die künstliche Intelligenz angeworfen, die am Fließband Sätze produziert wie die Fleischindustrie Wurst am laufenden Meter.

Der libertäre Extremismus

Es ist höchste Zeit, dieser Tyrannei mit ihrer arroganten Sprache ein Ende zu bereiten, eine kollektive kritische Intelligenz zu entwickeln und eine Reaktion zu finden auf die ungeschriebenen Gebote: »Sei produktiv«, »sei wettbewerbsorientiert«, »schnall den Gürtel enger«, »gib Geld für die herrschende Kaste«, »gib Geld für die Wiederaufrüstung« und so weiter und so fort.

Was auf der Tagesordnung stehen sollte, ist genau das: die Konsequenzen aus der sozialen Krise zu ziehen, um die Wirtschaft endlich auf das Gemeinwohl auszurichten. Stattdessen gehen die extremsten der herrschenden Fraktionen noch einen Schritt weiter. Sie wollen nicht nur die Bildung, sondern auch die Justiz und, warum nicht, auch die Polizei und die Armee privatisieren. Sie patentieren das Leben und verfügen über Saatgutmonopole. Später werden sie uns womöglich auch noch die verpestete Luft verkaufen wollen, die wir in diesem System atmen müssen. Sie zerstören Urwälder, indem sie diese zur Freude des Agrarbusiness, vor allem in Brasilien, abbrennen. Ganz allgemein wird die Natur finanzialisiert, wie in der Einleitung zu diesem Buch analysiert. Die globale Erwärmung, die Zerstörung des Lebens und die damit einhergehende Kommerzialisierung sind ein lukratives Geschäft.[30] Die Einschränkung dieser Möglichkeiten und die Kosten, die eine echte Klimapolitik für sie bedeuteten, würden die Profite dieser Gruppierungen erheblich schmälern und kommen daher nicht infrage.

Die Bohrungen in der Arktis sind ein Beispiel dafür, wie die fossilen Industrien und die großen Banken, die sie finanzieren, von der Eisschmelze profitieren. So zeigen Satellitendaten ausgedehnte Gebiete in der Größenordnung von Paris oder Berlin mit intensivem nächtlichem Lichtschein, die der Öl- und Gasförderung zuzuschreiben sind.[31] Große internationale Banken, von denen sich die meisten als »nachhaltig« bezeichnen, finanzieren diese schamlose Ausbeutung der natürlichen Ressourcen und die irreversible Zerstörung der Natur. Zwischen 2016 und 2020 war JPMorgan Chase die Bank, die die meisten Kredite an Unternehmen mit Bohrvorhaben vergeben hatte, nämlich 18,6 Milliarden US-Dollar an Shell, Gazprom und TotalEnergies. Die Banken Barclays, Citigroup und BNP Paribas belegten mit Krediten in Höhe von jeweils 13,2, 12,2 und 11,8 Milliarden US-Dollar die Plätze 4, 6 und 7. Ebenfalls auf der Liste stehen Goldman Sachs, Deutsche Bank, Crédit Agricole, BPCE Group/Natixis und Credit Suisse mit Krediten von je 10,7, 10,2, 9,2, 4,2 und 4,1 Milliarden US-Dollar. Fast alle diese Banken verfolgten oder verfolgen noch heute, natürlich, eine sogenannte nachhaltige Politik zugunsten der Arktis. Nachhaltig sind definitiv die Gewinne, die sie erzielen – und ihr Zynismus.

Insgesamt haben dreißig Großbanken Kredite in Höhe von 300 Milliarden US-Dollar vergeben, um neue Öl- und Gasbohrungen in dieser Region des Nordpols zu ermöglichen. Was Beteiligungen an dort tätigen Öl- und Gasunternehmen betrifft, sind die großen Investoren seit März 2021 Vanguard, Amundi und BlackRock. Bei Letzterem hätte man angesichts der Greenwashing-Aktivitäten dieses Unternehmens bis 2024 vielleicht besser von GreenRock sprechen sollen ...

Die Agenda der extremsten herrschenden Gruppierungen sieht vor, auf internationaler Ebene ein libertäres Regime durchzusetzen, was seit der Finanzkrise von 2008 bereits mit großem Erfolg geschehen ist. Dieses Regime, das unter dem Deckmantel der Demokratie daherkommt, ist in Wirklichkeit von vorn bis hinten autoritär. Alle vier oder fünf Jahre zu wählen, reicht als Merkmal für eine Demokratie nicht aus, erst recht nicht, wenn die Wahlen manipuliert werden – wie in den USA im Jahr 2016, durch Datenanalysten wie dem Unternehmen Cambridge Analytica. Diese extremistischen Gruppen sind zum Staatsstreich bereit, wie die Stürmung des Kapitols in den USA im Januar 2021 durch die Anhänger von Donald Trump und die Stürmung des Kongresses, des Obersten Gerichtshofs und des Präsidentenpalastes in Brasilien im Januar

2023 durch die Unterstützer und Fans von Jair Bolsonaro verdeutlicht haben. Um jeden Preis ihre Macht und ihre neue Methode der Anhäufung von Reichtümern abzusichern, ist für die herrschende Kaste ausschlaggebend. Sie schert sich nicht um eine eher virtuelle als reale Demokratie, wenn es um die Erreichung ihrer Ziele geht.[32] Der derzeitige Aufstieg des libertären Autoritarismus resultiert aus dem Fehlen breiter sozialer Bewegungen und der Finanzkrise von 2008. Er beraubt im Namen des Privateigentums den größten Teil der Menschheit jeglichen Eigentums. Was besitzen denn die Milliarden Menschen, die mit weniger als 10 Dollar am Tag überleben müssen?[33]

Die Vertreter dieser Kaste sind falsche Propheten, Schmierenkomödianten, die auf der Bühne der Geschichte vor ihren jubelnden Getreuen auftreten, die sich im Dreck suhlen in dem Versuch, diesen finsteren Gestalten Ehrbarkeit zu verschaffen. Die neuen Anführer der »freien Welt« heißen Donald Trump, das selbsternannte Genie, Jair Messias Bolsonaro[34], der bei seinen Anhängerinnen und Anhängern als der Heiland, ja als Mythos gilt – in Wahrheit wohl eher ein müder Mythos – sowie Javier Milei, dieser überdrehte Hochstapler in Argentinien. Vulgäre, brutale Halunken stehen ungestraft ganz oben. Sie klammern sich an die Macht oder versuchen, sie zu erlangen, sowohl um sich noch weiter zu bereichern als auch so lange wie möglich Immunität zu genießen und nicht von der Justiz behelligt zu werden. Ihre moralische Hohlheit wird nur von ihrer intellektuellen Leere übertroffen.

So stark diese tun, so schwach, feige, ja mittelmäßig stehen diejenigen dar, die sich ihnen eigentlich widersetzen oder doch zumindest unabhängig sein sollten. Dementsprechend existiert eine lange Liste von führenden traditionellen Politikern und Konzernchefs, die dem Kaiser des Zynismus direkt nach seiner Wahl Ende 2024 in den USA übereifrig Treue gelobten und ihm dadurch zu verstehen gaben, sich künftig seinen toxischen Launen fügen zu wollen. Uns ist noch sehr gut im Gedächtnis, wie im Deutschland der 1930er-Jahre die NSDAP von den Banken und der Schwerindustrie finanziert wurde, die dadurch hohe Profite einstreichen konnten, und wie unterwürfig sich zahlreiche hochrangige Vertreter aus Politik und Kirche gaben. In Europa heißen diese falschen Propheten Viktor Orbán, Marine Le Pen, Éric Zemmour, Giorgia Meloni, Björn Höcke, Alice Weidel und Nigel Farage …

In Großbritannien hat die libertäre Strömung den Brexit gefördert und finanziert, um sich von den europäischen Umwelt-, Finanz- und Steuervorschriften befreien zu können. Dahinter steckte die Idee, eine Art »Singapur an der Themse« zu schaffen, einen europäischen Offshore-Handelsplatz, der es einerseits durch ein maßgeschneidertes Rechtssystem[35] und andererseits durch die Digitalisierung und Finanzialisierung der Wirtschaft ermöglichen sollte, ein in der englischen Geschichte noch nie da gewesenes System der Vermögensakkumulation zu etablieren. Diese neue, beschleunigte Phase der Bereicherung führt dort, wo sie umgesetzt wird, zu einer Prekarisierung der Arbeitsbedingungen und einer zunehmenden Verarmung der einfachen Leute. Bemerkenswert ist, dass die Kampagne *gegen* den Brexit von der Industrie, den meisten Großbanken und der Tourismusbranche finanziert wurde. Diese Sektoren sahen ihre Zukunft eindeutig in einem in der Europäischen Union verbleibenden Vereinigten Königreich. Doch all ihrem Einfluss zum Trotz haben sie verloren. Das zeigt, welche finanziellen Mittel die libertäre Strömung angesammelt hat. Als »Sieg des Volkes« dargestellt, ähnlich wie die Wahl von Donald Trump im Jahr 2016 und 2024, handelt es sich in Wirklichkeit um den Aufstieg der radikalsten und widerwärtigsten Tendenzen innerhalb der herrschenden Kaste.

Unabhängig von den marginalen Unterschieden zwischen den verschiedenen Extremisten zielt die libertäre Strömung darauf ab, einer kleinen Kaste zynischer Milliardäre die totale Freiheit zu erteilen, zu ihrem eigenen Vorteil und auf Kosten der Allgemeinheit alles zu tun, was sie will. So konstatiert Latour, dass »die Eliten so sehr davon überzeugt worden waren, dass es in der Zukunft kein Leben für alle geben wird, dass sie beschlossen haben, sich so schnell wie möglich aller Lasten der Solidarität zu entledigen«.[36] Benquet und Bourgeron stellen fest, dass die Eliten »in einer Art elitärer Überlebensideologie [...] das Recht einfordern, den Laden leerzuräumen, bevor er schließt, das heißt, sich so ungehindert wie möglich alle Güter, Ländereien und Kapitalien unter den Nagel zu reißen, die in einer aussterbenden Welt vielleicht noch überdauern«.[37]

Für diese schwerreichen Bonzen hätten die zur Bekämpfung der Treibhausgasemissionen und des brutalen Verlusts der Artenvielfalt erforderlichen massiven Investitionen Kosten zur Folge, die den Nutzen bei Weitem übersteigen würden. Sie kommen daher nicht infrage. Eine solche Politik würde ihre ungerechtfertigten Vorteile thematisieren und sowohl ihren grotesken Lebensstil als auch ihre umweltschädlichen Investitionen anzweifeln. Sie ziehen aus dem Niedergang alles Lebendigen, der Zerstörung der Natur im Allgemeinen sowie aus Kriegen enorme kurzfristige Gewinne. Das ist zugegebenermaßen absurd, da ihnen langfristig nicht viel zum Ausbeuten übrig bleiben wird. Aber bis dahin ist der Verkauf von Pestiziden, Massenvernichtungswaffen, Opioiden, Geländewagen, Klimaanlagen, toxischen Finanzprodukten und allerlei Ramsch herrlich lukrativ und der Besitz von Privatjets und Superjachten eminent befriedigend. Es stehen enorme finanzielle Interessen auf dem Spiel. Eine nachhaltige Wirtschaft, welche die Natur respektiert und, einfach gesagt, das gemeinsame Haus gut verwaltet und aufhört, die menschlichen Beziehungen zu finanzialisieren, würde ihren gigantischen Profiten direkt zuwiderlaufen. Also setzt eine selbstherrliche Finanzwelt ihre Interessen durch.[38]

Sie stützt sich einerseits auf extrem mächtige Akteure eines Parallelsektors: die sogenannte Schattenfinanz, zu der Institutionen gehören, die keine Banklizenz besitzen. Das sind zum Beispiel BlackRock oder Vanguard, die jeweils mehr als 10 Billionen Dollar verwalten, sowie Hedgefonds, die darauf ausgerichtet sind, ultrareiche Personen noch reicher zu machen. Wie die Großbanken, die Zentralbanken, der Weltwährungsfonds und die Weltbank bieten sie ihren Politikerfreunden hochdotierte Führungspositionen an, sobald die politische Amtszeit vorüber ist. Diese autoritäre Finanzwirtschaft ist zudem eng mit dem Sektor der fossilen Energien und dem Agrarbusiness verbunden, wie in den USA oder wie in Brasilien vor allem unter der Präsidentschaft Jair Bolsonaros.

Da die Vorschriften, so schwach sie auch sind, vor allem für Banken gelten, können die Schattenfinanzinstitutionen sehr frei agieren. Sie haben ihre höchsteigenen Interessen, die sie zynisch und aggressiv vertreten. Wie die Großbanken erschaffen und nutzen sie Finanzinstrumente, um schnell einen immer größeren Teil der riesigen auf den Finanzmärkten zirkulierenden Geldmengen, beispielsweise der Renten, an sich zu reißen. Diese Märkte sind die Spieltische der Kasinofinanz und werden von ihren Institutionen in großem Stil manipuliert. Durch Finanzinnovationen und speziell durch Derivate[39] verwandelt der Finanzsektor Risiko und Unsicherheit in Vermögenswerte, von denen er profitiert[40], indem er sie auf verschiedenen Märkten, einschließlich der neuen Kryptowährungen, oder außerbörslich handelt.

Die Krise von 2008 und das anschließende Chaos mit der Beinahe-Implosion eines globalen, auf massiven Schulden basierenden Zombie-Finanzsystems boten der Schattenfinanz die Gelegenheit, ihren Vorteil auszuspielen und sich damit zu brüsten, Lösungen zu bieten, obwohl sie doch selbst ein wesentlicher Bestandteil des Problems war und immer noch ist. Das Umgehen der dürftigen Bankenregulierung im Namen der Freiheit verstärkt nur die systemimmanenten Risiken.

Auch wenn es dem einen oder anderen gelingt, sich anhand von außerhalb des traditionellen Bankensektors stattfindenden und ständig zunehmenden Transaktionen in Kryptowährungen gut aufzustellen, kommt der Normalbürger der Lösung der schweren

Probleme, mit denen er zu kämpfen hat, keinen Schritt näher. Auch sollen ja eigentlich der Treibhausgasausstoß und der Energieverbrauch insgesamt stark reduziert werden – bei Kryptowährungen fällt deren Bilanz allerdings katastrophal aus. Diese als Fortschritt darzustellen, ist schlicht und einfach eine Lüge.

Die Krücken eines Zombie-Systems

Das System torkelt voran wie ein Untoter. Es ist nicht nur unrechtmäßig, sondern für die in Geiselhaft genommene Bevölkerung extrem toxisch und gefährlich. Es verursacht unerträgliche soziale Ungerechtigkeiten und stützt sich bei seinem verhängnisvollen Geisterlauf auf gleich mehrere Krücken:

- *Die Medien,* welche es mehrheitlich rechtfertigen. Ihre Kritik beschränkt sich auf einzelne Politiker, wendet sich jedoch nicht gegen das kapitalistische System als solches. Mit Ausnahme einiger weniger Medien und ihrer um eine ernsthafte Kritik bemühten integren Journalisten vermengen die Gazetten Oberflächliches und Wesentliches und stiften regelrecht Verwirrung in den Köpfen.
- *Eine Propaganda,* die uns morgens, mittags und abends von einer so arroganten wie mittelmäßigen Oligarchie in einem faden Technokratenjargon serviert wird.
- *Die Polizei und Ordnungskräfte,* ohne die das System wahrscheinlich schon lange von einer breiten sozialen Bewegung hinweggefegt worden wäre, wie es die Gelbwesten gezeigt haben.
- *Mächtige Branchen,* die den Staat für ihren Eigenbedarf mobilmachen – also der Finanzsektor sowie die Hersteller von Waffen, fossiler und atomarer Energie, Fahrzeugen, Pharmaka, Industrienahrung.

- *Die Zentralbanken,* welche systemrelevante Banken im großen Stil retten, wann immer es nötig ist, und sie zwecks Bankrottvermeidung an den Tropf hängen.
- *Der Steuerzahler,* der ungefragt für die Kosten eines im Verwesungszustand befindlichen Systems aufkommen muss.

Dieses zutiefst ungerechte Zombie-System ist zum Sterben verurteilt und reißt entweder alles menschliche, tierische und pflanzliche Leben mit sich in den Abgrund oder muss ohne uns zugrunde gehen, liebe Leserin, lieber Leser. Die zweite Möglichkeit ist sicherlich die bessere, und ich nehme an, dass Sie diese Einschätzung teilen. Wenn das so ist, müssen wir unser Schicksal selbst in die Hand nehmen und für den Schutz des Lebens in all seinen Formen sorgen. Da die Knechtschaft freiwillig ist, so Etienne de La Boétie im 16. Jahrhundert, wäre es jetzt wohl angebracht zu verinnerlichen, dass »niemand das Recht zu gehorchen hat«, wie Hannah Arendt 1964 mit Bezug auf Immanuel Kant sagte.

2 Die Verschärfung von sozialer Ungerechtigkeit durch Finanzialisierung und Digitalisierung

»Die Welt belohnt nicht Ehrlichkeit und Unabhängigkeit, sie belohnt Gehorsam und Unterwürfigkeit.«

Noam Chomsky, Understanding Power, 2006

In Zeiten der Finanzialisierung und Digitalisierung der Wirtschaft haben die sozialen Ungerechtigkeiten einen nie dagewesenen Umfang angenommen.[1] Der von den Medien so häufig betonte Trickle-down-Effekt unterliegt wohl nicht der Schwerkraft, da das Geld von unten nach oben fließt und denjenigen, die bereits über erheblichen Wohlstand verfügen, dic Anhäufung von noch mehr Reichtum auf Kosten der übrigen Gesellschaft ermöglicht. Nie zuvor in der Geschichte hat sich in so kurzer Zeit so viel Vermögen in so wenigen Händen konzentriert. Dieser Prozess verschlimmert die Armut und Prekarität der benachteiligten wie auch der vom Abstieg bedrohten sozialen Schichten erheblich. Und gleichzeitig zeigt sich der winzige Anteil der Weltbevölkerung, der daraus Profit zieht, zynisch, ja geradezu grenzenlos arrogant. In diesem Kapitel werde ich dieses Phänomen, die damit einhergehenden Gefahren sowie die erforderlichen Lösungen untersuchen.

Die Anhäufung von Reichtümern in der Hand von Wenigen

Zunächst einige Fakten: Von Anfang März bis Mitte Juni 2020, als in den USA etwa 40 Millionen Amerikaner ihre Arbeit verloren und im gesamten Jahresverlauf laut Weltbank durch die Covid-19-Krise weltweit bis zu 100 Millionen Menschen in extreme Armut mit weniger als 1,90 US-Dollar pro Tag abrutschten, wuchs das kumulierte Vermögen von vier Personen um etwa 130 Milliarden US-Dollar. Es handelt sich um Bill Gates mit einem Zuwachs von 11,5 Milliarden US-Dollar, Mark Zuckerberg mit einem Plus von 32 Milliarden US-Dollar, Elon Musk mit 42 Milliarden US-Dollar mehr auf dem Konto sowie Jeff Bezos mit einer Steigerung um 44 Milliarden US-Dollar.

Allein zwischen Anfang Januar und Mitte August betrug bei Bezos der Vermögenszuwachs rund 90 Milliarden US-Dollar. Auch er nutzte die Corona-Pandemie, um sich schamlos zu bereichern, während seine Angestellten unter – auch in gesundheitlicher Hinsicht – prekären Arbeitsbedingungen litten.[2] An einem einzigen Tag, dem 20. Juli 2020, vermehrte Bezos sein Vermögen um 13 Milliarden US-Dollar.

Was verbirgt sich hinter einem solch astronomischen Betrag? Vergleiche helfen, die Natur des Phänomens besser zu verstehen und das Ausmaß des Problems zu erfassen. Es handelt sich ungefähr um das Doppelte des tagesbezogenen Bruttoinlandsprodukts des afrikanischen Kontinents, das heißt um das Zweifache des Warenwerts, der dort von circa 1,3 Milliarden Menschen an einem einzigen Tag erwirtschaftet werden. Bezogen auf Frankreich entsprechen diese 13 Milliarden Dollar etwas mehr als dem Fünffachen der Summe aller Bruttotageslöhne.[3] Das ist so, als hätte Seine Majestät Bezos an einem Tag das Fünffache des Ergebnisses der täglichen Arbeit von etwa 30 Millionen Voll- und Teilzeitbeschäftigten erhalten, also von etwas mehr als 115 Millionen Arbeitstagen, vergütet zu den landesüblichen Löhnen.[4]

Wenn man in der Zeit zurückgeht, lässt sich eine weitere Analogie aufstellen. Im 18. Jahrhundert war Ludwig XVI. wahrscheinlich einer der reichsten Menschen der Welt – sein Schloss in Versailles zeugt davon. Sein heutiger Nachfolger, dem die Krone in Sachen Opulenz und Eitelkeiten gebührt, ist Seine Hoheit Jeff der Erste, aus dem Geschlecht der Bezos. Diese beiden Vermögen mit fast dreihundert Jahren Abstand miteinander zu vergleichen, mag ein gewagtes Unterfangen sein.[5] Es ist nicht so einfach, die damals gültigen Währungen Livre und Louis d'or in Dollar umzurechnen. Deshalb nehmen wir die Arbeitszeit als sachgerechtere Maßeinheit.

Für den Bau des Versailler Schlosses waren ungefähr fünfzig Jahre Arbeit erforderlich. Angenommen, es wurden dafür jedes Jahr fünftausend Arbeitskräfte eingesetzt, entspräche das 75 Millionen Arbeitstagen.[6] Wenn man dann noch 40 Millionen Arbeitstage für den Kauf von Kunstwerken und Tafelsilber hinzurechnet, kommt man auf 115 Millionen Arbeitstage, was dann, wie oben erwähnt, dem Arbeitsaufwand entspricht, den man sich in Frankreich von den genannten 13 Milliarden US-Dollar hätte leisten können. Kann man daraus ableiten, dass die 13 Milliarden Dollar so viel wert sind wie ein Versailler Schloss?[7] Wahrscheinlich nicht, denn zwischen der Bauzeit des Schlosses im 17. Jahrhundert und dem 21. Jahrhundert ist die Arbeitsproduktivität enorm gestiegen und der Wert von Kunstwerken hat sich stark verändert. Wie vielen Versailler Schlössern entspricht der Betrag nun also? Das ist schwer zu sagen, auf jeden Fall aber mehreren, vielleicht sogar zehn – allerdings nicht innerhalb von fünfzig Jahren, sondern an einem Tag.[8] Der Herr, oder besser der Kaiser Bezos, hat es eilig. Im Vergleich dazu war Ludwig XVI. geradezu ein »Loser«. Die Abschaffung der Privilegien, die 1789 auf der Tagesordnung stand, ist heute aktueller denn je.

Nach dem Wahlsieg Donald Trumps 2024 gab es eine Person, deren Vermögen in nur wenigen Wochen um etwa 70 Milliarden Dollar stieg: Elon Musk. Im Januar 2025 hatten seine angehäuften Reichtümer bereits 400 Milliarden Dollar überschritten! Jeff Bezos und Elon Musk sind mehr feudale Herrscher einer digitalen Leibeigenschaft als Unternehmer. Ihre Milliardenvermögen symbolisieren die Diktatur der Oligarchie.

Finanzialisierung und Digitalisierung der Wirtschaft

Diese ungeheure Bündelung von Reichtum lässt sich hauptsächlich auf zwei Sachverhalte zurückführen, nämlich die Finanzialisierung und die Digitalisierung der Wirtschaft, die typisch sind für den derzeitigen Neoliberalismus in seiner libertären Ausprägung.

Erstere unterwirft die Wirtschaft den Interessen eines ungebremst agierenden Finanzsektors, der von den Zentralbanken, Vermögensverwaltungsunternehmen (mit BlackRock als Flaggschiff), systemrelevanten Banken und der Schattenfinanzwelt mit ihren mächtigsten Hedgefonds beherrscht wird.

Jeder spielt seine Rolle in diesem Prozess der Unterjochung möglichst vieler Menschen. Die Zentralbanken pumpen bei Bedarf, insbesondere während der Krise von 2008 und der Covid-19-Pandemie, riesige Mengen an Liquidität in die Finanzmärkte, um einen plötzlichen Zusammenbruch des Systems zu verhindern. Dies geschieht entweder durch die Vergabe von Krediten an Banken, die in Schieflage geraten sind, oder durch den Aufkauf von Finanzanlagen. Die amerikanische Zentralbank FED hat BlackRock mit der Verwaltung der meisten dieser Anlagen beauftragt. Dadurch können die Großbanken ihre dubiosen Wertpapiere abstoßen und die im Gegenzug erhaltene Liquidität für nicht weniger dubiose Zwecke verwenden. Nicht zuletzt nutzen Hedgefonds diese ständigen Ungleichgewichte aus, um auf die Insolvenz von Unternehmen oder sogar Ländern zu wetten, wodurch sich immense Gewinne einheimsen lassen.

Allein zwischen März und Jahresende 2020 haben die Zentralbanken weltweit jede Stunde finanzielle Vermögenswerte in Höhe von 1,3 Milliarden Dollar aufgekauft, und zwar hauptsächlich von den Großbanken.[9] So erhalten diese jedes Mal, wenn sie Entzugserscheinungen zeigen, ihren stündlichen Schuss an liquiden Mitteln. Diese Geldpolitik wurde 2022 aufgrund der im Wesentlichen durch den Ukraine-Krieg angetriebenen Inflation ausgesetzt. Die Großbanken wurden vorübergehend entwöhnt, genießen aber weiterhin alle möglichen Vorteile.

Das System ist marode, und die angeblich freien Finanzmärkte stehen zunehmend unter der Vormundschaft der Zentralbanken. Der aktuelle Kapitalismus beziehungsweise libertäre Liberalismus ist ins Wanken geraten. Zur Vermeidung des totalen Zusammenbruchs stützt er sich vor allem auf zwei Krücken: die Zentralbanken, die die Finanzmärkte an den Tropf legen, und die Steuerzahler, die in letzter Instanz für die Kosten der wiederholten Krisen aufkommen müssen.

Die zweite Erklärung für die nie da gewesene Konzentration von Reichtum ist in der Digitalisierung der Wirtschaft zu suchen. Die Fortschritte im Bereich von IT, Internet und vor allem künstlicher Intelligenz führen parallel zu einer zunehmenden Vernichtung von Arbeitsplätzen. Es gibt eine lange Liste von Branchen, in denen Beschäftigung verloren geht. Einige Sektoren wie das Hotel- und Gaststättengewerbe oder allgemein der Tourismus bleiben verschont, zumindest solange es zu keiner neuerlichen Corona-Welle kommt und keine neue Pandemie ausbricht. Andere Sektoren stellen sogar ein, aber das kann die verloren gegangenen Arbeitsplätze bei Weitem nicht ausgleichen. Nicht jeder kann Informatiker werden. In zahlreichen Tätigkeitsfeldern wird die Arbeit der Menschen in großem Maßstab durch Maschinen oder Algorithmen ersetzt.

In einer gut organisierten, nachhaltigen Gesellschaft sollte eine digitalisierte Wirtschaft mehr Freizeit und Freiheit schaffen. In dem neoliberalen Umfeld trägt sie jedoch ganz im Gegenteil zu mehr Elend, Prekarität, Unterbeschäftigung und Arbeitslosigkeit bei. Auch wenn Digitalisierung erst einmal harmlos klingt, bedeutet sie oft nur: noch mehr Kontrolle, noch mehr Energie, noch mehr Profit für die Tech-Oligarchen, während die Natur weiter geplündert wird.

Die Finanzialisierung und Digitalisierung der Wirtschaft ermöglichen eine Ansammlung von Reichtümern, nicht langsam, im Laufe von Generationen, wie es früher bei vielen Unternehmern der Fall war, sondern extrem schnell, wie es das Beispiel von Jeff Bezos und Konsorten zeigt.[10] Zwar hat ihr Unternehmerprofil eine Rolle gespielt, aber die Hauptgründe der Vermögenskonzentration liegen woanders: Es sind die Monopol- und Kartellstellungen, von denen die GAFAM[11] profitieren, sowie die oben beschriebene Politik der Zentralbanken. Hinzu kommt noch ein dritter Grund, nämlich die diversen staatlichen Beihilfen für die GAFAM. Der Überwachungskapitalismus braucht, wie im vorigen Kapitel erklärt, Tech-Konzerne, die die Bevölkerung in beträchtlichem Umfang beobachten und ausspionieren und für diese Arbeit im Dienst des Staats Subventionen erhalten.

Die Manipulation von Märkten, die Beherrschung und die Kontrolle der Massen stehen im eklatanten Widerspruch zu den unternehmerischen Prinzipien, freien Märkten und Individualität, auf die zahlreiche prominente Politiker und Akteure aus Finanzwelt, Wirtschaft und insbesondere Informationstechnologien so gern verweisen. Im letztgenannten Sektor gelingt es den Führungskräften und Hauptaktionären aus diesen Gründen, sich einen beträchtlichen Teil der Gewinne anzueignen, die aus anderen Branchen abgezogen werden, in denen die Konkurrenz spürbarer ist und Geldpolitik und Subventionen eine geringere Rolle spielen.

Die Kunst des schönen Scheins

Aus dieser ungeheuren Anhäufung von Reichtum ergibt sich für dessen Besitzer der Bedarf, viel Geld zügig und diversifiziert anzulegen. Die im vorigen Kapitel beschriebene digitale Kryptowährungsbubble ist dazu ideal geeignet: Riesige Summen können dadurch relativ diskret zirkulieren und unter Umgehung des Finanzamts investiert werden.

Digitale Kunst ist im 21. Jahrhundert das Mittel der Wahl der Vermögenden. Virtuelle Werke werden hauptsächlich in der Kryptowährung Ethereum gehandelt. Das Blockchain-Protokoll[12] dient zur Bestätigung von Transaktionen und Käufen sowohl der jeweiligen Kryptowährung als auch der digitalen Kunst. Dabei erstehen die Investoren sogenannte Non-Fungible Token (NFT), wörtlich: nicht austauschbare Jetons. Es handelt sich um ein Eigentumsrecht samt Echtheitszertifikat an einem solchen Bild, das in einem öffentlichen und dezentralisierten digitalen Register festgehalten wird. Die Nichtaustauschbarkeit des Tokens soll die Seltenheit des virtuellen Werks belegen.

Aufgrund der Finanzialisierung und Digitalisierung der Wirtschaft nimmt die Kommerzialisierung von Kunst stark zu. Das Bild wird verbrieft, das heißt in einen finanziellen Vermögenswert umgewandelt, der auf liquiden und gut geschmierten Märkten gehandelt wird. Es wird zum Bestandteil eines Wertpapierportfolios. Innerhalb des digitalen Überwachungskapitalismus bedeuten Bilder nicht nur Kontrolle, sondern zudem die Möglichkeit, schnell massive Gewinne zu erzielen.

Die aus den 1930er-Jahren stammende Kritik Walter Benjamins[13] an der Kommerzialisierung der Kunst und seine Analyse, dass das Kunstwerk in Zeiten der technischen Reproduzierbarkeit seine Aura verliere, findet sich heute angesichts der digitalen Reproduzierbarkeit bestätigt und verstärkt. Der schöpferische Akt verliert zwar an Aura, doch der Besitzer des »Jetons« kann kulturell glänzen. Wenn er einen enormen Betrag für den Kauf hinlegt und diesen anschließend vermehrt, wird er in den Medien als Visionär in künstlerischen Fragen dargestellt. Die Begriffe Token und Jeton sind gut gewählt, weil sie mit dem Prozess der Finanzialisierung und Digitalisierung der Wirtschaft untrennbar verbunden sind – und das Finanzkasino symbolisieren.

Die Mächtigen von heute lassen sich gerne mit Kunst, ob digital oder analog, in einem Atemzug nennen. Für den Ruf und das Prestige kann das nicht schaden, zumal das Ego ebenfalls geboostet wird. Aber meist ist das eine rein oberflächliche, überhebliche Attitüde.

Doch die Digitalisierung erlaubt es den vom Pomp der Macht verächtlich Ausgeschlossenen, den Ausgegrenzten aller Art, sich einer sogenannten erweiterten Realität zuzuwenden. Die von der grotesken und ungezügelten Konzentrierung des Reichtums in den Händen der herrschenden Kaste Abgehängten finden so Zugang zu einer vermeintlich erfüllenden virtuellen Welt, wie sie etwa im Metaverse von Facebook dargeboten wird. Dabei handelt es sich um eine immersive Welt, in die jeder vorübergehend als Avatar oder Hologramm eintauchen kann, in der Hoffnung, soziale Kontakte zu schließen und sich selbst zu verwirklichen – virtuell natürlich. Spezielle Virtual-Reality-Headsets und -Brillen versetzen den Benutzer in eine 3-D-Umgebung und ermöglichen ihm die Flucht aus einer ungeliebten Wirklichkeit.

Also immer noch mehr Abstraktion und Allgegenwärtigkeit von Bildern. Dank Online-Käufen, in Kryptowährungen bezahlt, kann der Avatar sein Level halten. Der Eintritt ins virtuelle Paradies, ins Reich der Fantasiegespinste, ist nicht umsonst! Realitätsverweigerung hat ihren Preis.

Finanzkasino und allgemeine Verschuldung

Der Neoliberalismus hat zu einem extrem instabilen Finanzkasinosystem geführt, das sich durch ständig wachsende Finanzwetten[14] und Verschuldung auszeichnet. Der Gewinn geht im Prinzip an die ohnehin schon Vermögenden, die hier mitspielen können. Für die damit verbundenen Risiken haftet ab einer bestimmten Höhe allerdings der Steuerzahler.

Die überall verbreitete und dauerhafte Verschuldung ist im Übrigen ein integraler Bestandteil des Neoliberalismus und kettet die Gesellschaft an die Interessen einer winzigen Minderheit der Bevölkerung.[15] Seit Langem steigt die relative Armut, und der ganz normale Mittelschichtsbürger, der dreißig Jahre gearbeitet hat, kann es sich nicht mehr leisten, eine Wohnung ohne Kredit zu kaufen. Außerdem verleiten, ja zwingen die zunehmende, durch die Covid-19-Krise noch verstärkte Unsicherheit sowie eine aggressive Werbung, oft für Billigprodukte, fast jeden dazu, mithilfe eines Kredits ein kleines Stück vom großen Kuchen abzubekommen. Die gesetzliche Verpflichtung zur Rückzahlung führt zu einer Selbstkontrolle der Bevölkerung, aus Angst, auf einer schwarzen Liste insolventer Personen zu landen und kreditunwürdig zu werden. Vor diesem Hintergrund bleiben wenig Zeit und Energie für die Kritik, die das räuberische System, dem wir derzeit ausgesetzt sind, eigentlich verdient.

Die globale private wie auch die öffentliche Verschuldung ist gewaltig: Im Jahr 2024 betrug sie mehr als 300 Prozent des weltweiten Bruttoinlandsprodukts. Es ist deshalb naiv zu glauben, dass eine vollständige Tilgung möglich wäre. Im heutigen Finanzkasino ist die Verschuldung zu einem Geschäftsmodell geworden. Alte Schulden werden mit neuen Schulden beglichen, die, sobald sie verbrieft sind, weiter rasant anwachsen. Dadurch erhöht sich das Risiko eines Zahlungsausfalls oder gar eines Konkurses, was die tiefreichende Instabilität der heutigen Wirtschaft verstärkt.

Der Schuldenstand ist so hoch, dass es sehr niedrige oder sogar negative Zinssätze braucht, um eine Kaskade von Zahlungsausfällen zu vermeiden. Bis zum Ausbruch des Kriegs in der Ukraine war dies der Fall. In Frankreich beispielsweise nahm der Staat in den Jahren 2020 und 2021 Kredite für Laufzeiten von bis zu zehn Jahren Negativzinsen auf. Dann stiegen die Zinsen für Staatsschulden aufgrund der Inflation wieder an, die durch den Konflikt und den daraus resultierenden Anstieg der Energiepreise verursacht wurde. Von Anfang bis September 2023 lag der gewichtete Durchschnittszins für mittel- und langfristige Staatsanleihen bei 2,95 Prozent, verglichen mit 1,43 Prozent im Jahr 2022 und durchschnittlich 1,16 Prozent für den Zeitraum von 2009 bis 2021[16], und zwar ohne Berücksichtigung der Verwaltungskosten. Die Schuldenzinsen beliefen sich 2024 auf etwas mehr als 50 Milliarden Euro. Der französische Staat hat also eine wachsende Last zu bewältigen.

Dasselbe gilt auch für andere Länder. So erreichte zum Beispiel die Staatsverschuldung in Deutschland im 4. Quartal 2024 etwa 2,5 Billionen Euro, und der Schuldendienst belief sich auf circa 39 Milliarden Euro. Sollte der durchschnittliche Zinssatz für den Gesamtschuldenbestand auf 3 Prozent ansteigen, würde diese Belastung auf 75 Milliarden Euro anwachsen, was in Beziehung zu setzen ist zur Gesamtheit der öffentlichen Ausgaben des Bundes für 2024 in Höhe von circa 475 Milliarden Euro. Damit bliebe noch weniger Budget übrig für den ÖPNV, für das Gesundheitswesen, für Bildung, Klimaschutz und viele andere wichtige Aufgaben.

Im Vergleich dazu lag früher, zwischen 1998 und 2008, der durchschnittliche Zinssatz für den Schuldenbestand in Frankreich bei rund 4 Prozent. Derselbe Zinssatz, angewandt auf die viel höhere Gesamtverschuldung im Jahre 2024[17], würde zu einer Schuldenlast – das heißt Zinszahlungen – von circa 130 Milliarden Euro pro Jahr führen, was kaum zu stemmen wäre. Für eine bessere Einordnung könnte man den Etat für öffentliche Krankenhäuser anführen, der im Jahr 2022 rund 95 Milliarden Euro betrug.[18]

In zahlreichen afrikanischen Ländern wie Angola, Kenia, Malawi, Ruanda, Uganda und Sambia, ist die Schuldenlast exorbitant: 2024 betrug sie dort über 50 Prozent des Staatshaushalts[19]. Da bleibt dann kaum noch etwas übrig für das Gesundheits- oder Bildungsbudget. Und in den Vereinigten Staaten lag die Staatsverschuldung Ende 2024 bei ungefähr 36 Billionen Dollar,[20] was 123 Prozent des Bruttoinlandsprodukts entspricht. Das bedeutet, dass bei dem durchschnittlichen Zinssatz von 3,3 Prozent für die Gesamtverschuldung täglich 3,25 Milliarden Dollar an Zinsen zu zahlen sind.

Ebenso betrug der Wert der Anleihen mit negativen Renditen im Dezember 2020 weltweit noch 18 Billionen US-Dollar[21] und entsprach ungefähr einem Drittel der Staatsschulden. Im Oktober 2022 war dieser Wert etwa achtzehnmal niedriger.[22] Für viele Industrieländer war also die Möglichkeit, Kredite zu sehr niedrigen oder sogar negativen Zinsen aufzunehmen, über viele Jahre hinweg höchst bedeutend und hat sie dazu verleitet, noch mehr Schulden zu machen. Es sei daran erinnert, dass der Zinssatz der Preis des Geldes ist. Dass ein Preis so lange negativ blieb, kann nur das Ergebnis einer groß angelegten Manipulation des betreffenden Markts, hier des Anleihenmarkts, sein. Die eigentlichen Strippenzieher waren die Zentralbanken. Der Beschluss der Notenbanken, die Zinssätze 2022 anzuheben, zog für die Anleihegläubiger Verlustgeschäfte in Billionenhöhe nach sich. Das Bankensystem wurde nebenbei bemerkt Anfang 2023 erschüttert, als eine Reihe von Geldinstituten, darunter die Silicon Valley Bank und die Signature Bank in den USA sowie die Credit Suisse in Konkurs gingen und die Deutsche Bank ins Wanken geriet.

Diese immensen Staatsschulden und Zinszahlungen auf internationaler Ebene werden von den Steuerzahlern beglichen, und zwar von all jenen, die sich keine Berater für Steueroptimierung leisten können. Sie sind das Resultat einer neoliberalen Politik, wie sie seit etwa vierzig Jahren von zahlreichen Regierungen bewusst umgesetzt wird. Sie ermöglicht es den Reichsten, ihre Steuern drastisch zu senken, und sie bewirkt für die meisten Menschen eine zunehmende Verschlechterung der staatlichen Dienstleistungen (Gesundheit, Bildung und Unterstützung für sozial Schwache) und damit eine allgemeine Verarmung.[23] Diese Politik schafft die

Voraussetzung für das Erstarken rechtsextremer libertärer Bewegungen wie jene, die Ende 2023 in Argentinien an die Macht gekommen ist, oder wie die AfD in Deutschland, die zu Unrecht als Alternative wahrgenommen werden. Ihr bevorzugter Sündenbock für die Verarmung breiter Schichten ist der Migrant, der angeblich die Ursache der Probleme sei und verbannt werden solle.

Der Kapitalismus im Verfall

Um den steilen Absturz des derzeitigen Systems zu begreifen, sollte man die geschichtliche Entwicklung betrachten, als Ergänzung zur Übersicht über die unterschiedlichen, im ersten Kapitel dargestellten Ausprägungen des Kapitalismus.

In den Jahren 1870 bis 1914 hat, global gesehen, die Umsetzung von liberal inspirierter Politik der Menschheit zu einer nie dagewesenen Entwicklung und Beschleunigung sowohl in wirtschaftlicher und wissenschaftlicher als auch in sozialer und demografischer Hinsicht verholfen. Die anschließenden hundert Jahre konnten dann allerdings die bestehenden Erwartungen nicht erfüllen[24] – Kriege und Konflikte forderten über 200 Millionen Menschenleben.[25] Da war zunächst der Erste Weltkrieg, gefolgt von der Weltwirtschaftskrise von 1929 und der deutschen Bankenkrise von 1931.[26] Diese Krisen führten zur Entstehung von schrecklichen faschistischen und nationalsozialistischen Diktaturen, von denen man sich erhoffte, sie würden das wirtschaftliche Chaos des Kapitalismus und die sozialen Bewegungen durch einen starken, polizeilich und militärisch aufgerüsteten Staat in den Griff bekommen.

Wie Karl Polanyi zu Beginn der 1940er-Jahre herausarbeitete, lässt sich die Realität des Liberalismus im Faschismus beobachten, der das von der sogenannten Marktwirtschaft hinterlassene Vakuum füllen soll.[27] Weil diese dazu tendiere, jegliche sozialen Beziehungen zu zerstören und an der Errichtung einer echten solidarischen Gesellschaft und der dazugehörigen Demokratie scheitere, entstünden obskure nationalistische, antisemitische, rassistische und faschistische Gebilde, die vorgeben, diese verloren gegangenen Beziehungen auf der Grundlage von Blut, »Rasse« oder einer Ideologie wiederherstellen zu wollen. Demnach sei, solange diese Wirtschaftsform fortbestehe, kein Land geschützt vor dem Aufstieg solch brutaler, finsterer Kräfte.

Die Erstarkung kapitalistischer Diktaturen, einschließlich der »Sowjetunion«, mit einem Staat, dem sämtliche Produktionsmittel gehörten, führte zum Zweiten Weltkrieg mit seinen verheerenden Opferzahlen und Vernichtungslagern. Ihr Abgesang begann mit den amerikanischen Bombenangriffen auf Hiroshima und Nagasaki, die für die Menschheit – oder was von ihr übrig geblieben war – das Atomzeitalter einläuteten. sowohl militärisch als auch zivil, einschließlich der Konfrontation der beiden Supermächte USA und UdSSR im Kalten Krieg. Die Zeit des Wiederaufbaus der im Krieg zerstörten Infrastruktur, die in Frankreich als »trente glorieuses« oder in Deutschland als »Wirtschaftswunder« bezeichnet wird, brachte in Westeuropa, mit seiner keynesianisch geprägten Wirtschaftspolitik und einem Staat, der die großen Aufbauvorhaben organisierte, ein gewisses Maß an Stabilität und Wohlstand hervor.

In den 1970er-Jahren stellten der Vietnamkrieg und die Ölkrisen einen Wendepunkt dar. Mit dem Staatsstreich Augusto Pinochets in Chile und der anschließenden Diktatur, der Wahl Ronald Reagans in den Vereinigten Staaten und Margaret Thatchers in Großbritannien, beginnt die Umsetzung von neoliberaler Wirtschaftspolitik[28], erst in diesen, dann auch in den meisten anderen westlichen Ländern. Chile war dafür nachgerade ein Versuchslabor. Nach dem Fall der Berliner Mauer ließ sich diese Politik auch in die Satellitenstaaten der ehemaligen Sowjetunion und teilweise direkt dorthin exportieren.

So ist es dem Ende des Kalten Kriegs zu verdanken, dass dieses moribunde System zumindest dem Schein nach quasi unbefleckt dasteht. Der Neoliberalismus sollte endlich das »Ende der Geschichte« bringen, so die Artikel und Bücher des servilen Intellektuellen Francis Fukuyama, der damals seine windigen Thesen aufstellte und auch heute noch sein Unwesen treibt. Er behauptete, dass sich mit dem Verschwinden der UdSSR international ein Konsens bezüglich der liberalen Demokratie herausbilden würde. Die Umsetzung der neoliberalen Agenda würde zu einer Ära führen, in der nicht nur die Prinzipien der sogenannten Marktwirtschaft, sondern auch ihre vermeintlich demokratischen Gegenstücke einer Logik des Gleichgewichts und des Friedens weltweit zum Durchbruch verhelfen würden. Die ungezügelte Deregulierung der Wirtschaft und der Finanzwelt, die beschleunigte Kommerzialisierung der menschlichen Beziehungen sollten das A und O werden. Es handelte sich hierbei um eine regelrechte Indoktrinierung, an die so mancher zu glauben vorgab und noch immer zu glauben vorgibt.

Auf den Fall der Berliner Mauer folgte knapp zwanzig Jahre später die Finanzkrise von 2008 und damit verbunden der Konkurs des Neoliberalismus. Einige der Pokerspieler im Finanzkasino, genauer gesagt viele Großbanken, verloren ihre Einsätze und standen kurz vor dem Bankrott.[29] Sie verlangten dann vom Staat, also dem Steuerzahler, ihnen aus der Patsche zu helfen – natürlich strikt im Namen des Liberalismus.

Mithin kann die Propaganda der Wirklichkeit nicht standhalten. Der Kapitalismus hat sich mit der Zeit gewandelt, und seine jetzige Ausprägung, der libertäre Neoliberalismus, ist völlig außer Kontrolle geraten und droht, die Menschheit in den Abgrund mitzureißen. Alle Warnlampen blinken rot: Klimawandel, Umweltverschmutzung, Kollaps der Gesundheitssysteme aufgrund von Pandemien, diverse bewaffnete Konflikte, zunehmende Spannungen zwischen den USA und ihren Verbündeten einerseits, dem aus

Russland und China bestehenden Block andererseits, die Finanzkrisen und die absurde Zunahme der sozialen Ungleichheiten.

Im Rahmen des Neoliberalismus ist der ungebildete Homo oeconomicus gewinnoptimierend zum Homo financiarius mutiert – ein räuberisches Geschöpf, ein Schädling für die Gesellschaft, zutiefst zynisch und mit dem Hang, wahnwitzige, kriminelle Reichtümer anzuhäufen. Bei Werten denkt er nur an Moneten. Zwei Begebenheiten fallen mir ein, die diese Einstellung illustrieren. Vor rund zwölf Jahren traf ich in einer Cafeteria einen ehemaligen Studenten wieder. Ich hatte zufällig am selben Morgen erfahren, dass seine Frau tags zuvor ein Kind bekommen hatte. Ich erkundigte mich nach der Gesundheit des Neugeborenen und seiner Mutter, doch er lenkte das Gespräch in eine andere Richtung und erzählte mir von den enormen Geldbeträgen, mit denen er bei seiner Arbeit für eine große Bank in den letzten Tagen gehandelt habe. Ich gab ihm noch einmal eine Chance und sprach nochmals auf die Geburt seines ersten Kindes an, doch das schien ihn immer noch nicht zu interessieren und er sprach erneut nur über Geld. Angewidert ließ ich ihn stehen.

Ein weiteres Beispiel: Ein Trader lag nach einem schweren Unfall im Krankenhaus, seine Tage schienen gezählt. Die Krankenschwester, die mir von dem Vorfall erzählte, sagte ihm, er dürfe ein gerahmtes Foto auf seinen Nachttisch stellen. Es könne ihm vielleicht Trost spenden, einen Familienangehörigen oder eine nahestehende Person zu sehen. Das tat er und stellte ein Foto seines Autos auf – ein Ferrari. Wenn alles nur auf Haben und schönen Schein ausgerichtet ist, selbst im Privatleben, macht sich eine große Leere breit – selbst auf dem Sterbebett.

Der Neoliberalismus ist mit einer fehlgeleiteten Religion vergleichbar, deren Hohepriester, insbesondere Milton Friedman und Friedrich A. von Hayek, bereits vor seiner eigentlichen Umsetzung auf internationaler Ebene Ende des letzten Jahrhunderts agierten. Die Krise von 2007/2008 hat gezeigt, dass dieses System überaus instabil ist, unerträgliche soziale Unterschiede erzeugt und den Interessen der Mehrheit zuwiderläuft. Trotzdem wird es international von vielen Politikern und von den meisten Wirtschaftswissenschaftlern immer noch als einzige Option dargestellt. Noch stärker als sein Vorläufer, der Liberalismus, neigt es dazu, jede Form von sozialer Bindung zu zerstören – mit der Folge, dass sich gefährliche rechtsextreme Bewegungen entwickeln.

Es fördert zudem die Finanzialisierung der Wirtschaft, welche den Grundprinzipien des Liberalismus, auf denen die Finanzwelt angeblich beruht, zuwiderläuft. »Die unsichtbare Hand« von Adam Smith wird dort zunehmend außer Kraft gesetzt, wo der Versuch, Partikularinteressen zu befriedigen, ein systemisches, dem Allgemeinwohl abträgliches Risiko erzeugt. Sie findet sich häufig durch die Hand des Croupiers im Finanzkasino ersetzt, die den Einsatz für die angeblich so systemrelevanten Banken und für die Hedgefonds einstreicht.

Der Kapitalismus erzeugt in seiner Eigendynamik eine groß angelegte Zerstörung der Lohnarbeit, auf der er doch eigentlich beruht. Andere Herrschaftsbeziehungen als die zwischen Arbeit und Kapital gesellen sich diesen hinzu, um unterschiedliche Gewinnquellen zu erschließen und die Anhäufung von Reichtum zu beschleunigen. Es handelt sich dabei um die bereits erwähnte Beziehung zwischen Schuldner und Kreditgeber[30] sowie um die Beziehung zwischen Nutzer und Anbieter der digitalen Infrastruktur für elektronische Finanztransaktionen. Letztere erreichen tatsächlich das gewaltige Volumen von mindestens dem Hundertfünfzigfachen des weltweiten Bruttoinlandsprodukts und generieren besonders profitable Provisionen. Es geht auch um die Beziehung zwischen Steuerzahler und Staat, wodurch die systemrelevanten Finanzinstitute über eine Absicherung verfügen, falls ihre Wetten in die falsche Richtung laufen. Schließlich verdient auch die Beziehung zwischen Anbietern und Verkäufern von digitalen Daten Aufmerksamkeit. Sie führt zu enormen Gewinnen, da diese Daten von jedem, der Facebook, Google und das Internet im Allgemeinen nutzt, kostenlos zur Verfügung gestellt werden. Unsere Vorlieben und Interessen werden sorgfältig erfasst und analysiert, um sie an bestimmte Kunden der GAFAM zu verkaufen.

Ein Weg aus der Sackgasse

Wenn man den Aussagen vieler Politiker auf internationaler Ebene Glauben schenken darf, sind generell Wachstum und Freihandelsabkommen *die* Lösung für unsere wirtschaftlichen und sozialen Probleme. So haben sie es wahrscheinlich in der Universität gelernt. Doch in der gegenwärtigen Situation ist Wirtschaftswachstum gleichzusetzen mit Umweltverschmutzung, CO_2-Emissionen, sozialer Ungleichheit sowie einem erheblichen Verlust an biologischer Vielfalt. Es ist an der Zeit, dies zu begreifen. Mit Wachstum kann man keine echte soziale Entwicklung herbeiführen[31] und das Krebsgeschwür, an dem die Gesellschaft leidet, nicht ausmerzen.

Was die oben genannten Abkommen betrifft, so verwandeln sie sich allzu oft in Anreize, die Umwelt weiter zu verschmutzen und zu verwüsten, in der Hoffnung auf noch höhere Exporte. Ein eventueller Freihandel zwischen der EU und dem Mercosur etwa würde der brasilianischen Regierung einen Freibrief für die weitere Zerstörung des Amazonasgebiets ausstellen.

Die Antworten, die wir geben müssen, sind solche, die der ganzen Menschheit zugutekommen – und nicht dem Finanzkasino. Dieses eignet sich aufgrund seiner privilegierten Position enorme Geldbeträge an: eingetriebene Schuldzinsen, Provisionen für digitale Transaktionen oder Zahlungen, staatliche Garantien für die größten Banken, Finanzwetten im großen Stil ... Diese Gewinne lassen sich nur schwer exakt berechnen, aber sie dürften sich problemlos in einer Größenordnung von 20 bis 30 Prozent des weltweiten jährlichen Bruttoinlandsprodukts bewegen.

Mächtige Interessengruppen sind bestrebt, jedes echte Hinterfragen zu verhindern. Die kurze Bestandsaufnahme in diesem Kapitel ermöglicht es, einige Lösungsansätze zu skizzieren, die in der Schlussfolgerung dieses Buchs näher erläutert werden. Angesichts der zentralen Rolle, die Schulden im Rahmen des Neoliberalismus spielen, geht es als Erstes darum, den großen Banken und Hedgefonds, die sich auf Kosten der Ärmsten bereichern, die Rückzahlung der Schulden zu verweigern. Ein derartiger Schuldenerlass ist heute von zentraler Bedeutung, wenn wir die wachsende Unsicherheit und Prekarität verringern wollen.

Zweitens: Die Macht des Finanzkasinos zu beschneiden, bedeutet, Finanzwetten und andere toxische Finanzprodukte zu verbieten, das heißt solche, die das Elend und die soziale Ungerechtigkeit vergrößern. Drittens würde eine Mikrosteuer auf das exorbitante Volumen elektronischer Transaktionen deren Aufkommen reduzieren, Sand ins Getriebe des Finanzkasinos streuen und ein Einkommen generieren, das bestimmte Steuern, darunter die Mehrwertsteuer auf Grundversorgungsgüter, überflüssig machen könnte. Und schließlich müsste die Monopol- oder Kartellmacht der GAFAM und die von ihnen erzwungene allgemeine Kontrolle richtig angegangen werden, statt sie noch länger zu tolerieren.

Die Vermarktung der Natur und der menschlichen Arbeitskraft sowie die Spaltung der Menschen in gesellschaftliche Schichten und unterschiedliche Kasten haben zu einer räuberischen Wirtschaft geführt: dem libertären Neoliberalismus mit sozialen Ungerechtigkeiten von beispiellosem Ausmaß, einer unerträglichen Hierarchie von Gewinnern und Verlierern, die als natürlich dargestellt wird, und nicht zuletzt zu gefährlichen Klimaverwerfungen. Sie ist in letzter Instanz mit der Demokratie unvereinbar und auf dem direkten Weg, ein digitales Gefängnis für den Durchschnittsmenschen zu schaffen. Sie hat die Menschheit in eine Sackgasse geführt, aus der wir dringend herausfinden müssen – sowohl im Interesse der heutigen als auch der künftigen Generationen, die ein uneingeschränktes Recht auf ein anständiges und würdiges Leben in einer verantwortungsbewussten und zivilisierten Gesellschaft haben.

Die Finanzmärkte brauchen eine radikale Amputation. Verbietet Finanzwetten und besteuert jede Transaktion rigoros – nur so entmachten wir das Kasino, das uns alle als Geiseln hält.

3 Klimawandel und die Lehren aus todbringenden Sommern

»Nie zuvor haben die Kräfte der Macht den Gemütern eine so absolute Abdankung auferlegt.«

Roger Martin du Gard, Les Thibault, 1936

Im Jahr 2024 standen die Feuerwehrleute, wie schon während der Sommermonate in den meisten Jahren zuvor, an vorderster Front. Wegen extremer Wetterereignisse mussten sie – oft unter sehr gefährlichen Bedingungen und sogar unter Einsatz ihres Lebens – die enormen Schäden und furchtbaren Überschwemmungen bekämpfen, die durch sintflutartige Regenfälle und heftige Stürme im Norden Europas sowie durch gigantische Waldbrände im Süden verursacht wurden.

Laut einem Bericht der WHO, der Anfang August 2024 veröffentlicht wurde, kamen weltweit aufgrund der Hitzewelle zwischen 2000 und 2019 im Durchschnitt 489 000 Menschen pro Jahr ums Leben, davon circa 175 000 in Europa. Die Zahl dieser verfrühten Todesfälle wird weiter steigen, wenn keine ernsthaften Maßnahmen ergriffen werden.

Katastrophen auf allen Kontinenten

Kein Kontinent blieb verschont. Die riesigen Waldbrände hätten in Kanada in den ersten sieben Monaten des Jahres 2023 einen CO_2-Ausstoß erzeugt wie Deutschland und Frankreich zusammen, sagte am 4. August der Leiter des Copernicus-Atmosphärenüberwachungsdiensts Vincent Henri Peuch im Sender France Info.

In China folgten auf einen Hitzerekord mit 52 Grad Celsius im Juli 2023 gleich zum Monatswechsel sintflutartige Regenfälle. In Peking fielen in 40 Stunden so viele Niederschläge wie sonst in einem durchschnittlichen Julimonat. Sie verursachten mindestens vierzig Todesopfer und Vermisste. Und zum Jahresanfang 2025 wurde Kalifornien von zerstörerischen Bränden heimgesucht.

So haben wir leider mit einer langen Reihe von Umweltkatastrophen unterschiedlichster Art und den daraus resultierenden tödlichen Unfällen zu kämpfen. Wie in den Berichten des IPCC[1], insbesondere in dem vom März 2023, hervorgehoben wurde, sind sie vor allem auf den Ausstoß von Treibhausgasen zurückzuführen. Außerdem verstärken sie die globale Erwärmung und verringern die Artenvielfalt. Wenn nichts Handfestes gegen diese Emissionen und gegen die Entwaldung unternommen wird, werden sich diese Heimsuchungen weiter verschärfen und noch häufiger auftreten.

Volltanken für eine Million Dollar

Und was hat es in diesem beunruhigenden Kontext sonst noch so an Ereignissen gegeben? Welch eine Überraschung: Die sozialen Ungleichheiten haben sich immer noch weiter vergrößert! Während sich zwischen 2020 und 2021 weltweit 90 Prozent der ärmsten Menschen mit 10 Prozent des neu entstandenen Vermögens begnügen mussten, hat sich das reichste eine Prozent davon rund 63 Prozent unter den Nagel gerissen.[2]

Die Superreichen sind weiter einträchtig an Bord ihrer Megajachten von Saint-Tropez über die Costa Smeralda nach St. Barth geschippert. Man stelle sich vor: Der Preis für einmal Volltanken soll bei rund einer Million US-Dollar liegen, und für die Gesamtenergieversorgung werden pro Stunde 1 000 Liter Brennstoff oder mehr verbraucht – ganz egal, welche Kosten der entsprechende CO_2-Ausstoß verursacht. Komme, was da wolle, denken sich wohl die Milliardäre in ihren schwimmenden Palästen, umgeben von ihrem Hofstaat und ihren Bediensteten.

Übrigens verursacht ein Einziger der 125 reichsten Milliardäre durch seinen Lifestyle und seine Investitionen eine Million Mal mehr Treibhausgasemissionen als ein durchschnittlicher Vertreter der 90 Prozent Ärmsten dieser Welt.[3] Beispielsweise veröffentlichte JetSpy, die Plattform für das Tracking von Privatflügen, am 14. Dezember 2023 Daten, wonach die Privatflugzeuge von Elon Musk in jenem Jahr 441 Mal unterwegs waren und dabei 1161 Flugstunden absolvierten. Der Lord und sein Gefolge sind reisefreudig und arrogant. Die Kosten spielen da genauso wenig eine Rolle wie Umweltverschmutzung, unter der wie alle leiden.

Kurs auf die Befriedigung ihres aufgeblasenen Egos! Nichts ist zu gut für sie! Sie setzen das ihrer Kaste eigene Motto »Rette sich, wer kann« um, suchen Zuflucht in schwimmenden Steuerparadiesen, und, falls genug Geld vorhanden ist, längerfristig im Weltall. Ihre luxuriösen Schiffe verfügen häufig über Trading Floors, damit sie ihre Gelder auf dem Roulettetisch der Kasinofinanz einsetzen und die Kurse dieser oder jener Aktie oder Kryptowährung in die Höhe treiben können. Sie haben einen Hubschrauber zur Verfügung, der ihnen feinste Gerichte und teuerste Getränke liefert oder sie zu einem Flughafen bringt, damit sie dort in ihren Privatjet steigen können. Die Zahl der Privatflüge ist während der Corona-Pandemie übrigens um ein Vielfaches gestiegen – der Lockdown galt eindeutig nicht für alle. Jeder Privatflug eines Superreichen ist eine gezielte Provokation, ein ausgestreckter Mittelfinger gegen jeden, der ernsthaft gegen Klimawandel kämpft.

Bei der Katastrophe der Titanic Anfang des 20. Jahrhunderts hatten die wohlhabendsten Passagiere bevorzugt Zugang zu den Rettungsschiffen. Heute sind ihre luxuriösen Megajachten dafür ein Ersatz. Sie schotten sich ab[4], profitieren vom Elend der Welt und verschärfen es, aber sehen es nicht, außer vielleicht auf Netflix. Sich für das Gemeinwohl einzusetzen, wäre für diese Kaste mit unnötigen Kosten verbunden und steht definitiv nicht auf deren Agenda. Die Gefahren für Umwelt und Gesellschaft sind bekannt, ebenso die Lösungen, doch der Kurs auf die kommenden Katastrophen wird beibehalten. Die Welt gleicht einer riesigen Titanic, und die Regierungen benehmen sich wie die Bordkapelle, die heiter weiterspielt, während das Schiff längst sinkt.

Feuerwehr und Brandstifter sind nie ein gutes Gespann. Feuerwehrleute gibt es zahlreich. Frauen und Männer, die sich sowohl für sich selbst als auch für die kommenden Generationen um die soziale Schieflage und die Umweltkrisen sorgen und die auch Lösungsansätze für deren Bewältigung im Sinn haben, gibt es zuhauf. Die zynischen und extremistischen Brandstifter sind zwar zahlenmäßig überschaubar, verfügen aber dank ihrer mächtigen Lobbygruppen über wirksame Schalthebel. Sie lehnen jede Art von Regulierung ab, sowohl im Umwelt- als auch im Finanz- und Gesundheitsbereich – übrigens zerstört die Regierung von Donald Trump Klimaforschungsinstitutionen. Einige von ihnen tun so auf großen internationalen Konferenzen, als wollten sie die Natur schützen. Diese Oligarchen bürden dem Normalbürger die steigenden Kosten auf, die durch die globale Erwärmung, den Verlust der Artenvielfalt und die Umweltverschmutzung entstehen. Dadurch wird die soziale Ungerechtigkeit nur noch größer. Es ist höchste Zeit, ihrem Spiel und ihrer Heuchelei ein Ende zu setzen.

Game over

Willkommen auf der Weltklimakonferenz: Die jährliche Show, die Vertragsstaatenkonferenz oder COP in der Sprache der Bürokratie, findet jedes Jahr zwischen Ende November und Anfang Dezember statt. Wie in Samuel Becketts Stück *Endspiel* ist die Spannung bei diesen Gipfeltreffen, diesen globalen Nicht-Ereignissen voller Nicht-Entscheidungen, erbärmlich gering. Die meisten hochrangigen Regierungsdelegierten räumten zwar »Enttäuschungen« ein, äußerten sich aber in der Regel zurückhaltend oder sogar positiv. Sie sind nämlich der Meinung, dass der »Glasgower Klimapakt« von 2021 oder der »Scharm el-Scheich Implementierungsplan« von 2022 dem Mandat der Weltklimakonferenz entspräche, nämlich dem Ziel, den Temperaturanstieg bis zum Ende des Jahrhunderts auf 1,5 Grad zu begrenzen, »am Leben zu erhalten«, sozusagen an den Tropf zu hängen. Genug ist genug. Dieses Ziel muss schnellstmöglich umgesetzt und darf nicht nur auf unbestimmte Zeit am Leben erhalten werden.

Wie eine Litanei wiederholen die Akteure ihre Beschwörung, die bereits zigmal getroffenen Entscheidungen seien jetzt in die Tat umzusetzen. Die COP 28 in Dubai im Jahr 2023 rief zu einem »Übergang weg von fossilen Brennstoffen« auf. An wen richtete man sich damit eigentlich, wenn nicht an sich selbst? Die COP-Kumpane fordern sich selbst auf, ihre bereits beschlossenen Entscheidungen einzuhalten, weigern sich derweil aber, sie umzusetzen? Eine merkwürdige Kommunikationsübung, die ein gewisses Geschick, große Überzeugungskraft und Verrenkungen aller Art erfordert.

Es ist verlockend, sich des Vokabulars aus Patrick Süskinds Roman *Das Parfum* zu bedienen, wenn man von den COP in einer Welt der Scheinheiligkeit spricht[5], vor allem denen der letzten Jahre. Diese Veranstaltungen zum Thema Klimawandel stinken wie die Pest nach Erdöl, Gas und Kohle. Die Vertreter der fossilen Industrien und der sie finanzierenden Banken verströmen opake, dubiose Cash-Dämpfe. Die Regierungsgesandten, die ihnen nach dem Munde reden, müffeln – wahlweise nach Inkompetenz oder Käuflichkeit. Kurz gesagt, geht von diesen Weltklimagipfeln ein unerträglicher Gestank aus, der dazu beiträgt, dass unsere Welt im wörtlichen wie im übertragenen Sinn keine Luft mehr zum Atmen hat.

In der fabelhaften Welt, in der wir leben, ist zu vermuten, dass demnächst wohl eine Konferenz zur Förderung des Weltfriedens von der Rüstungsindustrie organisiert und ein medizinischer Gipfel zur Bekämpfung von Lungenkrebs von der Tabakindustrie ausgerichtet werden. Die meisten dieser Industriellen stehen übrigens in den Führungszirkeln der Mächtigen im Ruch der Heiligkeit.

Diese jährlichen Shows sind groteske Zirkusvorstellungen, deren Highlight nicht etwa ein Dromedar ist, wie man es in Scharm el-Scheich 2022 oder in Dubai 2023 hätte erwarten können, sondern der sprichwörtliche Berg, der jedes Jahr wieder kreißt und eine Maus gebiert, mit Hunderten von Lobbyisten als Geburtshelfer und unter dem begeisterten Applaus zahlreicher Politiker und Journalisten. Die COP-Kumpane sind zufrieden, die Geburt war ein Erfolg, sie beweihräuchern sich selbst und bereiten die Geburt im nächsten Jahr vor. Auch Zauberer sind am Werk. Ihre Nummer besteht darin, Nicht-Ereignisse in Erfolge zu verwandeln, schmutzige und umweltschädliche Energien reinzuwaschen und Korruption als Sponsoring oder gar Mäzenatentum dastehen zu lassen. Das ist ganz große Kunst! Auch Drahtseilakte stehen auf dem Programm: Dann wird behauptet, man wolle die Bedürfnisse der Umwelt mit denen der Wirtschaft in Einklang bringen. Als sei die Natur gehalten, sich an übergeordnete wirtschaftliche Bedürfnisse anzupassen – eine wirklich halsbrecherische Nummer.

Die Inszenierung ist bei jeder Weltklimakonferenz ähnlich. Es beginnt mit einem feierlichen Auftakt, der den Vertretern der Zivilgesellschaft vorgaukeln soll, dass dieses Mal alle Herausforderungen richtig eingeschätzt würden und der Gipfel eine echte

Chance sei, die globale Erwärmung zu mindern. Und ja, natürlich: Die in die Tausende gehenden Reisen in Privatjets zu und von den Gipfelorten spiegeln die Bedeutung wider, die hochrangige Regierungsvertreter und Vertreter der Industrie für fossile Brennstoffe der Senkung der Treibhausgasemissionen beimessen. Im Fall der COP28 im Jahr 2023 wurden etwa achtzigtausend Konferenzteilnehmer akkreditiert (und Zehntausende Besucher hatten darüber hinaus Zugang zur sogenannten grünen Zone rund um das Verhandlungsgelände). In Ermangelung von Fahrrädern und Hochgeschwindigkeitszügen reisten die ausländischen Teilnehmer fast alle mit dem Flugzeug an. Die Treibhausgasemissionen allein durch die Hin- und Rückflüge nach Dubai dürften sich in auf mindestens 200 000 Tonnen CO_2-Äquivalent in nur vierzehn Tagen belaufen haben.

Die Konferenz selbst bestand aus etwa zwei Wochen Palaver und Verhandlungen zwischen den »Entscheidungsträgern«, die meist beschlossen, die Dinge schleifen zu lassen. In Anbetracht ihres Alters werden sie viel weniger mit den auf ihre Tatenlosigkeit zurückzuführenden Naturkatastrophen konfrontiert sein als die jüngeren Generationen, die von den eigentlichen Verhandlungen und Entscheidungen ausgeschlossen sind.

In diesem Zusammenhang ist es auch interessant, sich an die Worte des britischen Premierministers Lloyd George während des Ersten Weltkriegs zu erinnern, als er über die Haltung des französischen Staatsoberhaupts und des russischen Außenministers sagte: »Man hat das Gefühl, dass Poincaré und Sasonow sich gesagt haben: Es geht nicht darum, den Krieg zu verhindern, sondern darum, dass es so wirkt, als hätten wir alles getan, um ihn zu verhindern.«[6] Heute ist ziemlich klar, dass dies auch die Haltung vieler Politiker und Finanziers ist: Sie wollen den Anschein erwecken, dass sie sich um die Lösung von Umweltproblemen bemühen, anstatt es wirklich zu tun – und das kommt den Unternehmen, die umweltschädliche Energien produzieren, sehr gelegen.

Eine abschließende Diskussionsrunde zögert das Ende der Konferenz hinaus. Es geht darum zu zeigen, dass die problembewussten Entscheider weder Zeit noch Energie gescheut haben, um Vereinbarungen auszuarbeiten, deren Umsetzung sie in den meisten Fällen nicht anzugehen gedenken. Diese Verzögerung wird zweifellos auf der Tagesordnung der nächsten Weltklimakonferenz stehen. Auch deren Ziel wird sein, der Gesellschaft vorzugaukeln, dass die Politik und die Finanzwelt die Herausforderungen dieses Mal verstanden hätten und dass diese zukünftige Sitzungsrunde eine echte Chance darstelle, die globale Erwärmung zu begrenzen …

Wetten, dass die COP-Kumpane bei ihrem Treffen im Jahr darauf zweifellos die Nicht-Umsetzung der meisten ihrer Umweltversprechen mit Glanz und Gloria feiern werden und das Ziel, den Temperaturanstieg bis zum Ende des Jahrhunderts auf 1,5 Grad zu begrenzen, »am Leben erhalten« werden? So wird bei jedem dieser Treffen im Scheinwerferlicht der großen Medienbühne der Berg erneut eine Maus gebären und die »Verantwortungsträger« feiern völlig inhaltsleere Abkommen, wie auch 2024 in Baku.

Zynismus und Scheinheiligkeit

Während dieser Gipfeltreffen werden die Mitgliedsstaaten häufig aufgefordert, »die Anstrengungen zur schrittweisen Reduzierung der Kohleenergie […] und der ineffizienten Subventionen für fossile Energieträger zu beschleunigen«.[7] Da der Text der Abkommen weder die Frist für diese freundliche Aufforderung nennt, noch angibt, wer über eine solche Ineffizienz urteilen soll, klingen derartige Sätze besonders hohl.

Die Lobbyverbände für diese Energien, die in Dubai mit rund zweieinhalbtausend Vertretern eine starke Präsenz zeigten, arbeiten an der Definition von Effizienzkriterien, die ihren eigenen

Interessen entsprechen. Sie haben dabei alle Hebel in Bewegung gesetzt, um sowohl ihre Interessen zu wahren als auch ihre Profite zu steigern. Denn eine solche Konferenz ist ja schließlich wie geschaffen für geschäftliche Diskussionen und Vertragsabschlüsse im Bereich der fossilen Energien.

Es lohnt sich zu bemerken: Die jährlichen Beihilfen und Subventionen für fossile Brennstoffe in Höhe von 7 Billionen US-Dollar – das entspricht über 7 Prozent des weltweiten Bruttoinlandsprodukts – sollten abgeschafft und die Summen stattdessen für die Finanzierung der Energiewende bereitgestellt werden. Das wäre die erforderliche Größenordnung, um den Temperaturanstieg bis zum Ende des Jahrhunderts tatsächlich auf 1,5 oder höchstens 2 Grad zu begrenzen.

Wenn nicht so viel auf dem Spiel stünde, könnte man diesen Show-Marathon belächeln. Doch sind der Zynismus und die Scheinheiligkeit nicht hinnehmbar, diese Medienspektakel unproduktiv. Mit Blick auf die Mittelmäßigkeit der Ergebnisse und die von der Reisetätigkeit der Regierungsvertreter und Lobbyisten verursachten CO_2-Emissionen hätte eine Reihe von Online-Konferenzen völlig gereicht. Es braucht jetzt einen echten Paradigmenwechsel und eine neue Lebensweise, um die Wirtschaft in den Dienst des Menschen zu stellen und ihr den räuberischen und zerstörerischen Charakter zu nehmen. Davon sind wir offensichtlich noch weit entfernt, und das Jahr 2022 mit seiner Weltklimakonferenz und seiner Fußballweltmeisterschaft hat dies leider nur bestätigt.

Not und Spiele

2022 endete also mit der Rund-um-die-Uhr-Übertragung der Fußballweltmeisterschaft in Katar, einer willkommenen Abwechslung – wären nicht beim Bau der Stadien mindestens sechstausend

Gastarbeiter umgekommen, wäre da nicht der kolossale und absurde Energieverbrauch zur Klimatisierung der Stadien und wäre nicht angesichts der ungefähr fünfhundert Flüge pro Tag, damit die Fans ihre Lieblingsmannschaft vor Ort anfeuern können, die angebliche CO_2-Neutralität dieses World-Cups nur eine Fata Morgana gewesen.

Während die COP-Kumpane immer noch Besorgnis angesichts des Klimawandels heucheln, erteilen große internationale, sich häufig »nachhaltig« nennende Banken Firmen wie Shell und TotalEnergies großzügige Kredite, die die schamlose Ausbeutung der Ressourcen und damit eine unwiederbringliche Zerstörung der Natur ermöglichen. Und eine Zentralbank wie die Schweizerische Nationalbank (SNB) besitzt riesige Mengen an den Aktien der größten Ölgesellschaften. Alles im klaren Widerspruch zum Pariser Klimaschutzabkommen von 2015, das die meisten Länder ratifiziert haben.

Während die COP-Kumpane sogar heute noch eine Träne wegen der sich ausbreitenden Dürre verdrücken, machen die militärischen Aktivitäten weltweit rund 5,5 Prozent der Treibhausgasemissionen aus.[8]

Während die COP-Kumpane auf die Zukunft der Erde anstoßen, finanzieren einige Geldinstitute, darunter auch schweizerische, sehr zur Freude von Jair Bolsonaro und seinen Genossen, brasilianische Agrarunternehmen wie BrasilAgro und Marfrig, die sich an illegaler Abholzung im großen Stil, Umweltzerstörung und Menschenrechtsverstößen beteiligen.

Während die COP-Kumpane sich gegenseitig auf die Schulter klopfen, kündigt TotalEnergies mitsamt seinen Partnern und in Absprache mit der ugandischen Regierung die Investitionsentscheidung für ein riesiges Erdölförderungsprojekt und gleichzeitig dessen Start an. Das Projekt umfasst eine Pipeline, die entlang des größten afrikanischen Sees verläuft, mehrere Schutzgebiete für Elefanten, Löwen und Schimpansen durchquert und zahlreiche natürliche Lebensräume vernichtet. Auch fast hunderttausend Menschen werden dabei zwangsenteignet.[9]

Nur keine wesentlichen Änderungen durchsetzen, sondern sich zwischen zwei Glas Champagner heuchlerisch um den Zustand der Natur und den Klimawandel sorgen – diese Haltung zeichnet die meisten unserer Regierenden sowie die Chefs von Konzernen und systemrelevanten Banken aus. Andere geben sich nicht einmal mehr diese Mühe, etwa die libertäre extreme Rechte. Ganz allgemein ist deren Politik diesbezüglich schlimmer als der Straftatbestand der unterlassenen Hilfeleistung, weil sie sogar ganz im Gegenteil auf eine Gefährdung der bedrohten Bevölkerungsgruppen hinausläuft.

Noch ist Zeit, auf die grassierende Heuchelei und ihren Gestank zu reagieren, um wieder frei atmen zu können. Die Hitzewellen, die uns im Sommer heimsuchen, das weltweite massive Artensterben, die Umweltverschmutzung: All das zeigt, wie besorgniserregend die Lage ist. Die Erdöl- und Erdgasbohrungen in Naturschutzgebieten und ihre Finanzierung müssen gestoppt werden, wie ganz allgemein das Wirtschaften im Raubtiermodus. Der Status quo ist nicht länger eine Option. Das Maß ist voll.

Der Schwindel von der nachhaltigen Finanzwelt

Eine Beobachtung drängt sich förmlich auf: Ein sogenannter nachhaltiger Finanzsektor lag im Trend – bis zur Amtsübernahme von Donald Trump im Januar 2025. Von wenigen Ausnahmen abgesehen, wollen gerade diejenigen, die ihn vor Kurzem noch verlachten, nun fördern und behaupten, er sei die Lösung für die aktuellen ökologischen Herausforderungen. Doch diese plötzliche Euphorie wirft ein Schlaglicht auf ein Paradoxon: Trotz eines starken Wachstums vermeintlich nachhaltiger Investitionen steigen nämlich die

Treibhausgasemissionen ebenso wie die Durchschnittstemperatur der Erde immer weiter an und die globale Wirtschaft ist ebenfalls nicht resilienter geworden. Finde den Fehler.

Die Treibhausgasemissionen sind nur im Jahr 2020 zurückgegangen, allerdings als Folge der Corona-Lockdowns und nicht etwa aufgrund einer Strategie zur Einhaltung der Ziele des Pariser Abkommens, sprich der Begrenzung des Temperaturanstiegs auf 1,5 oder maximal 2 Grad bis Ende des Jahrhunderts. Und so ist es widersprüchlich, sich für die internationalen – und nicht eingehaltenen – Abkommen zur Senkung der Emissionen einzusetzen und gleichzeitig umfangreiche Freihandelsabkommen zu fördern, die ebendiese in die Höhe treiben. Ein System, das sich auf Wirtschaftswachstum, die Erschließung neuer Märkte und die irrsinnige Anhäufung von Reichtümern bei der Oligarchie fokussiert, ist nicht vereinbar mit echten Naturschutzmaßnahmen. Da bleibt nur noch Greenwashing, mit vollmundigen Ankündigungen, die nichts als PR und Marketing sind.

Die beiden Begriffe »Finanzen« und »Nachhaltigkeit« stehen folglich in krassem Widerspruch zueinander. »Nachhaltige Finanzwirtschaft« ist ein Oxymoron: Wer daran glaubt, glaubt vermutlich auch an vegetarische Schlachthöfe. Nachhaltigkeit im Finanzwesen ist perfider Etikettenschwindel, hinter dem skrupellose Zerstörung von Natur und Klima steckt. Die Fakten bestätigen diese Analyse eindeutig, Beispiele gibt es zuhauf. So findet diese traurige Beobachtung Bestätigung durch die zahlreichen Kredite, die an Unternehmen vergeben wurden, die in Brasilien und Indonesien an der Abholzung von Wäldern beteiligt oder die in die Förderung fossiler Energieträger involviert sind.

In der Praxis wie auch in der Theorie, also in der akademischen Lehre, misst die Finanzwelt nur dem Wert bei, was einen Preis aufweist. Den hätte die Natur demnach nur insofern, als ihre Produkte wie Holz, Wasser oder Honig auf internationalen Märkten oder direkt zwischen Käufern und Verkäufern gehandelt würden. Wildlebende Arten, die die Unverfrorenheit besitzen, nichts Greifbares und kurzfristig Verwertbares hervorzubringen, wären nicht von Interesse, und ihre Bewertung würde daher zu einem Nullpreis führen. So maskiert das Proklamieren des Werts in einer verdrehten Logik dessen Zerstörung. Ein System, das eine solch utilitaristische Auffassung von Natur vertritt, ist ihr Feind. Wer hingegen nachhaltig sein will, muss sich eine einfache Tatsache klarmachen: Die Natur als das wirklich Wertvolle zur Ware zu machen, bedeutet, sie zu zerstören.

Die heutigen schweren Krisen, ob im Umwelt-, Sozial- oder Gesundheitsbereich, sind meist auf die Entgleisungen und Fehlentwicklungen einer aus dem Ruder gelaufenen finanzialisierten Wirtschaft zurückzuführen, die die Natur nur in einem strikt kommerziellen und utilitaristischen Sinn versteht.

Die Ursprünge der Covid-19-Pandemie beispielsweise haben auch mit den Fehlsteuerungen der Wirtschaft zu tun, das heißt mit der Entwaldung und dem dadurch hervorgerufenen Verlust an Biodiversität. Die Verbreitung einer Epidemie wird durch die Globalisierung der Wirtschaft beschleunigt. Eine kritische Analyse sowohl der Ursachen als auch der Folgen einer solchen Pandemie ist unverzichtbar, um nachhaltige Lösungen vorschlagen und umsetzen zu können.

Die Erderwärmung wiederum entsteht durch den ungezügelten Ausstoß von Treibhausgasen. Kohle zu Beginn der Industrialisierung und später Öl und Gas waren und sind Energiequellen, die mit einer hemmungslosen Kapitalakkumulation einhergehen. Neue, weniger umweltschädliche Quellen wie Solar- oder Windenergie werden zwar in den Produktionsprozess integriert, die fossilen Energieträger allerdings nicht ausgemustert. All diese verschiedenen Energien werden also genutzt, um ein schädliches Wirtschaftssystem in Bewegung zu halten.

Die Verurteilung des permanenten Greenwashings und der entsprechenden opportunistischen Gesinnung ist daher dringend geboten. Die akademische Welt hätte in dieser Frage eine echte Rolle zu spielen. Die klassische Wirtschaftswissenschaft ist jedoch unfähig, die schweren Krisen als Folge eines toxischen Systems zu begreifen. Ihre Modelle sind fehlerhaft und berücksichtigen die wissenschaftliche Klimaforschung[10] wie die des IPCC nicht wirklich. Sie unterschätzen komplett die Gefahren, die von der Erderwärmung oder dem Verlust der Artenvielfalt ausgehen.

In der Wirtschafts- und Finanzwissenschaft ist der Mainstream sehr zurückhaltend, um nicht zu sagen stumm, wenn es um die Auseinandersetzung mit unangenehmen Themen geht. Schon allein aus Respekt vor dem sie finanzierenden Steuerzahler sollten die Vertreter dieser Disziplinen ihre Verantwortung wahrnehmen und Umwelt- und Sozialfragen in ihren Betrachtungsrahmen einbeziehen.

Ein Hochstapler erhält den Nobelpreis

Ein Paradebeispiel für dieses Problem ist William D. Nordhaus, Träger des Pseudo-Nobelpreises für Wirtschaft. Er wurde 2018 für seine Arbeiten ausgezeichnet, die angeblich dazu verholfen haben, »den Klimawandel in die langfristige makroökonomische Analyse zu integrieren«. In diesem Zusammenhang erlaubte er sich die Behauptung, dass die Einführung von Maßnahmen zur Begrenzung der Treibhausgasemissionen so lange nicht optimal sei, wie die durchschnittliche globale Erwärmung keine 3 Grad betrage.[11] Da sie gegenwärtig bei 1,4 Grad im Vergleich zum vorindustriellen Durchschnitt (1850 bis 1900) liegt, beharrt der nobelpreisgekrönte Hochstapler darauf: Nein, es sollen noch keine Maßnahmen zur Begrenzung des Temperaturanstiegs ergriffen werden. Auf seinem wissenschaftlichen Sockel thronend, weist er gebührend sachbetont darauf hin, dass die Kosten für die erforderlichen Investitionen den zu erwartenden Nutzen übersteigen würden. Er empfiehlt uns, die aktuellen Auswirkungen der globalen Erwärmung zu ignorieren und uns einfach auf den technologischen Fortschritt zu verlassen, der uns eines Tages retten werde. Der irrlichternde Preisträger ist zwar nicht überzeugend, aber immerhin überzeugt: Die Natur kann dem Menschen und der Ökonomie keine Grenzen setzen. Obwohl die derzeitige Erwärmung für alle Lebewesen bereits sehr beunruhigend und belastend ist, sei es dringlich – erst mal abzuwarten.

Anstatt Falschdenkern ein Podium zu bieten und ihren Äußerungen Gehör zu verschaffen, sollte die Universität den neuen Generationen die nötigen Werkzeuge an die Hand geben, damit sie die ökologischen, sozialen und wirtschaftlichen Herausforderungen mit dem erforderlichen kritischen Geist begreifen und angehen können. Derartige Forschungs- und Lehrtätigkeiten können sich nur in einem interdisziplinären Rahmen und mit einem Blick über das von der aktuellen Wirtschaft auferlegte Korsett hinaus entwickeln, welches das Denken den Zwängen des Finanzkapitalismus und der Kommerzialisierung alles Lebendigen unterwirft.

Es geht auch darum, all jenen eine akademische Perspektive zu bieten, die sich zu Recht angesichts der Trägheit, ja sogar der Doppelzüngigkeit und des Zynismus vieler wirtschaftlicher und politischer Akteure in Bezug auf den Umweltschutz beunruhigt zeigen. Eine räuberische Wirtschaft und das Finanzkasino sind mit diesem Schutzziel unvereinbar. Großbanken heucheln meist eine nachhaltige und verantwortungsvolle Strategie, finanzieren aber zugleich die Öl- und Gasbohrungen, sogar den Kohleabbau und die Abholzung der Wälder. Die verblichene Credit Suisse, ein verstorbener Akteur des Finanzkasinos, war ein eklatantes Beispiel für Greenwashing.

4 Das Finanzkasino und die Credit Suisse

»Ich habe zu spät gelernt, dass es viel einfacher und profitabler ist, Menschen legal Geld zu stehlen …«

Meyer Lansky, 1975[1]

Dubiose und komplexe Konstrukte sowie ein hohes Tempo bei den Einsätzen, das Ganze eingebettet in deregulierte und manipulierte Finanzmärkte – das sind die hervorstechenden Merkmale der Kasinofinanzwirtschaft. In diesem chaotischen Umfeld gehen einige Finanzinstitute als Gewinner aus den breit angelegten Lügenpokerpartien hervor, andere werden in den Ruin getrieben. In der Regel sahnen die Vorstände dieser Institutionen ab, und die Allgemeinheit muss für diese Veruntreuungen büßen, indem sie auf die eine oder andere Weise zur Kasse gebeten wird. Das Beispiel des Konkurses der Credit Suisse verdeutlicht diese Probleme.

Die Party ist vorbei

Am 19. März 2023 verlöschten die Lichterketten, und die Party war für die Credit Suisse vorbei. Noch nicht wieder ganz nüchtern, verließen die Mitglieder von Geschäftsleitung und Verwaltungsrat vorübergehend den Spieltisch des Finanzkasinos, die Mienen ernst, die Taschen voll und heiteren Gemüts.

Es folgten die zu erwartenden Bedauernserklärungen und Entschuldigungen. Sie hätten ja ihr Bestes gegeben – dafür bekommen sie schließlich die fetten Gehälter –, doch seien Sie versichert, liebe Leserin, lieber Leser: Es waren natürlich das Pech, die Gerüchte oder sogar die vom Ausland geschmiedeten Komplotte, die ihr Geschäftsmodell, ihr cleveres Risikomanagement und ihr geschicktes Vorgehen beim »Zurückgewinnen des Vertrauens der Finanzmärkte« zunichtegemacht haben. Dieses Ziel wurde bis zum Überdruss wiederholt, und dieses Vertrauen müsse einfach wiederhergestellt werden, betonten sie, bevor man wieder ruhig schlafen könne. Das sei so wesentlich, dass dafür riesige Summen öffentlicher Gelder und allerlei Lügen erforderlich waren.

Das Vertrauen der Bürger zu gewinnen und sie vor den Auswüchsen der Finanzwelt mit ihren Pokerspielern zu beschützen – das steht allerdings definitiv nicht auf der Tagesordnung. Blicken wir doch noch einmal zurück, um die Chronologie der Ereignisse aufzurollen und die Liste der Vergehen an den Tag zu bringen.

167 Jahre zweifelhafte Geschäfte und Skandale

Die Geschichte dieser Bank zeigt, dass ihr Weg seit ihrer Gründung 1856 durch Alfred Escher als Schweizerische Kreditanstalt beziehungsweise Credit Suisse, die 1993 in Credit Suisse Group AG umbenannt wurde, mit Skandalen und dubiosen, ja sogar kriminellen Geschäften gepflastert ist.[2]

Neben der Finanzierung des Ausbaus des Eisenbahnnetzes sind ihre Gründung und ihr Vermögen wie das der Escher-Familie von Beginn an mit der Kolonialisierung, dem Sklavenhandel und der Baumwollproduktion verbunden, unter anderem in den USA und auf Kuba. Im 20. Jahrhundert leisteten die Eschers finanzielle Unterstützung für das Apartheidregime in Südafrika.

Außerdem sammelten sich bei der Credit Suisse die Vermögen zahlreicher Diktatoren wie Ferdinand Marcos von den Philippinen oder Sani Abacha von Nigeria an, wobei das – 2009 offiziell abgeschaffte – Bankgeheimnis für die nötige Diskretion sorgte. Hinzu sind noch die betrügerischen Geschäfte zu zählen, die sie zwischen 2013 und 2016 in Mosambik tätigte sowie die Verurteilung der Bank im Fall der bulgarischen Rauschgiftmillionen. Die Anklage und der Prozess im Februar 2022 bezogen sich dabei auf den Tatbestand der besonders schweren Geldwäsche im Zusammenhang mit einem bis in die 2000er-Jahre zurückreichendem Kokainschmuggel.

Die Credit Suisse war unter ihrem ursprünglichen Namen auch in den Skandal um die sogenannten nachrichtenlosen Konten verwickelt – Konten, die in den 1930er-Jahren und während des Zweiten Weltkriegs in der Schweiz eröffnet und deren vorwiegend jüdische Inhaber von den Nationalsozialisten ermordet wurden. Die fraglichen Summen wären wohl vollständig bei dieser Bank oder ihren in diese zweifelhaften Geschäfte verwickelten Schwesterbanken verblieben, wenn nicht eine unabhängige internationale Expertenkommission unter der Leitung des Wirtschaftshistorikers Jean-François Bergier Ende der 1990er-Jahre die Rolle der Schweiz als Finanzplatz während des Zweiten Weltkriegs enthüllt hätte.

Darüber hinaus veröffentlichte am 2. März 2020 das Simon-Wiesenthal-Zentrum zur Bekämpfung von Antisemitismus und Rassismus eine Liste mit den Namen von etwa 12 000 Nazis, die in Argentinien Zuflucht gesucht hatten.[3] Viele von ihnen »haben Gelder auf ein oder mehrere Bankkonten bei der Schweizerischen Kreditanstalt, später Credit Suisse, mit Sitz in Zürich eingezahlt«, berichtete das Zentrum, das bei der Jagd nach Naziverbrechern aktiv ist. »Es ist sehr wahrscheinlich, dass diese ruhenden Konten Vermögenswerte enthalten, die jüdischen Opfern unter Berufung auf die Nürnberger Arisierungsgesetze ab den 1930er-Jahren geraubt wurden. Und uns ist nicht entgangen, dass auch Erben von auf dieser Liste stehenden Nazis Guthaben bei Ihrer Bank einfordern«, so seine Einschätzung.

Die deutschen Nazis legten also mit Umweg über die Schweiz Gelder in Argentinien an, insbesondere solche, die Juden geraubt worden waren. Dafür wurde bei der Kreditanstalt ein Sonderkonto mit der Nummer 4063 genutzt. Im Jahr 2020 schien ein großer Teil der Beträge, die den Familien der in den Konzentrationslagern umgebrachten Menschen gestohlen worden waren, immer noch auf den Konten der Credit Suisse verblieben zu sein.[4] Es dürfte sich aktuell um Milliarden von Franken handeln. Wo ist dieses Geld geblieben?

Diese lange Liste ließe sich sicherlich noch weiter ergänzen, und sie stinkt zum Himmel. Sie zeigt, dass die »Vermögensverwaltung«, die der Stolz der Credit Suisse und ihrer Parteifreunde war, rot vom Blut unzähliger unschuldiger Opfer ist.

35 Jahre Finanzkasino

Als die Credit Suisse 1988 die First Boston aufkaufte, besiegelte sie damit ihren Eintritt in die Topliga der Finanzkasinowirtschaft mit ihren großangelegten Wetten. Es stand eine Änderung des Geschäftsmodells an. Anstatt sich darauf zu beschränken, Vermögen von allzu oft zweifelhafter Herkunft zu verwalten und Zinsen für gewährte Kredite einzustreichen, wurde der Fokus nun auch auf Fusionen und Übernahmen sowie auf den Derivatehandel gelegt, was künftig die extravaganten Gehälter des Managements rechtfertigen sollte. Das schnelle Anhäufen von riesigen Gewinnen war nun das Ziel.

Das dem Kreislauf entzogene Geld verringert den Anteil der Gewinne, die auf internationaler Ebene von anderen Wirtschaftszweigen erzielt werden. Großbanken, die beispielsweise die Fusion von

Industrieunternehmen organisieren, verdienen daran erheblich. Für die betroffenen Unternehmen ist dieser Prozess jedoch selten gewinnbringend, außer für die jeweiligen Vorstände, die die Gelegenheit nutzen, um ihre Gehälter zu erhöhen, unter dem Vorwand, dass die neu geschaffene Organisation mehr Mitarbeiter zählt. Was komplexe Finanzprodukte wie Derivate betrifft, die in riesigen Börsensälen gehandelt werden: Deren Verkauf ist besonders lukrativ.

Das Modell der Finanzkasinowirtschaft, für deren Verluste in letzter Instanz der Steuerzahler geradestehen muss, ist für die Großbanken und damit auch für die Credit Suisse *die* Referenz geworden. Solche Institute sind als systemrelevant dargestellt, praktisch sind sie aber raubtierkapitalismusrelevant.

15 Jahre Wegschauen

Der Zusammenbruch der US-Bank Lehman Brothers und generell die Krise von 2008 haben deutlich gemacht, wie zerstörerisch dieses Modell ist. Der Cocktail aus komplexen, toxischen Finanzprodukten, Schuldenbergen, grotesk hohen Vergütungen für das Management von Finanzinstituten und Tradern sowie grenzenlosem Zynismus hat das System fast zum Implodieren gebracht. Dennoch haben die meisten Politiker und auch die Finanz- und Wirtschaftswissenschaftler schamhaft weggeschaut und vergessen, dass sie die Interessen der Steuerzahler und Bürger zu vertreten haben.

Auch die Finanzanalysten und Wirtschaftsprüfer haben sich, von einigen Ausnahmen abgesehen, beunruhigend blind gestellt: Die von der Credit Suisse mit der Bilanzprüfung beauftragte Firma PricewaterhouseCoopers wartete bis zum 14. März 2023, also bis fünf Tage vor dem Zusammenbruch der Credit Suisse, um »eine negative Einschätzung der Wirksamkeit der internen Kontrolle« der Bank abzugeben.[5] Zu diesem Zeitpunkt war die Situation bereits eindeutig und die »negative Einschätzung« nicht mehr wirklich relevant. Man muss kein Finanzexperte oder kein BWLer sein, um das Offensichtliche zu erkennen – dass nämlich die Credit Suisse bereits am Rande des Abgrunds stand.

Was würden Sie wohl davon halten, wenn ein Alkoholiker, der schon viele Autounfälle verursacht hat, einen Arzt um ein Attest bittet, damit er seinen Führerschein behalten kann? Was ist, wenn der Arzt, nachdem er das Problem jahrelang ignoriert hat, dann schließlich eine ***»negative Einschätzung«*** zum Gesundheitszustand des Patienten abgibt, obwohl dieser schon an der Schwelle zum Tod steht? Nicht nur, dass es dann für eine Behandlung ohnehin zu spät ist, sondern ein Facharzt wird ja eigentlich dafür bezahlt, Diagnosen zu stellen und nicht positive oder negative »Einschätzungen« vorzunehmen, die im Grunde keine besondere Ausbildung erfordern und ihn darüber hinaus für juristische Folgen unangreifbar machen.

Eine Woche Panik

Im Übrigen sei die Frage erlaubt, warum die Eidgenössische Finanzmarktaufsicht FINMA der Credit Suisse nicht die Banklizenz entzogen hat. Kurz gesagt haben in diesem Fall weder die Prüfer geprüft noch die Aufseher beaufsichtigt. So konnte die hemmungslose Finanzwelt zur Freude ihrer Lobbygruppen weiterhin völlig ungebremst agieren.[6]

Wenn man die Jahresberichte der Credit Suisse aufmerksam liest, kann man den Nennwert dieser komplexen, Derivate genannten, Finanzprodukte herausfinden. Im Jahr 2020 betrug er etwa das Fünfundzwanzigfache des schweizerischen Bruttoinlandsprodukts.[7]

Vom 13. bis 19. März herrschte Verwirrung und Panik angesichts der Erklärung von SNB und FINMA vom 15. März, dass die Credit

Suisse den strengen Anforderungen für systemrelevante Banken in Bezug auf Eigenmittel und Liquidität entspreche.[8] Das hielt selbige Bank nicht davon ab, einige Stunden nach dieser Bekanntmachung ein Darlehen in Höhe von 50 Milliarden Franken zu beantragen, angeblich um die Finanzmärkte zu beruhigen. Das Vertrauen hielt allerdings nur wenige Stunden an. 50 Milliarden waren nicht beruhigend genug – der Moloch verlangte nach mehr.

Zwei Tage, um eine Lösung aus dem Ärmel zu schütteln

Unter dem Druck der amerikanischen Regierung, die eine Ausbreitung des durch die Pleite der Silicon Valley Bank in den USA ausgelösten Dominoeffekt fürchtete, wurde in aller Eile und ohne jede Transparenz über das Wochenende des 18./19. März 2023 eine Lösung gebastelt. Die UBS kaufte für einen symbolischen Betrag die Credit Suisse auf und mutierte dadurch sozusagen zur »Union der Banken mit Systemrelevanz«.[9]

Dank der Berufung auf das Dringlichkeitsrecht bleiben wesentliche Bestandteile des Vertrags geheim. Das 2011 verabschiedete, sogenannte »Too-big-to-fail«-Gesetz wurde übergangen, und kein der seit 2008 erlassenen Regularien griff. Im Endeffekt wurde hier ein Koloss geschaffen, der die Schweiz unter Kontrolle hat, anstatt dass sie ihn kontrolliert. Die Bilanzsumme dieser neuen UBS beträgt angeblich das Doppelte des schweizerischen Bruttoinlandsprodukts und der Nennwert der von ihr gehaltenen Derivate das 35- bis 40-Fache. Eine UBS in dieser Größe ist aber keine Lösung, sondern ein ökonomischer Sprengsatz. Alle Ingredienzien sind für die nächste Bankenkrise beisammen.[10]

90 Minuten wenig überzeugende PR-Übungen

Dieser Farce wäre zum Lachen, wäre sie nicht so erbärmlich. Im letzten Akt traten die Protagonisten der Affäre – also genau diejenigen, die ein paar Tage zuvor erklärt hatten, die Situation bei der Credit Suisse sei unter Kontrolle – gemeinsam auf die Bühne und verkündeten auf einer Pressekonferenz am 19. März 2023, dass diese Übernahme für die Schweiz die beste Lösung sei, um das Vertrauen der Finanzmärkte wiederherzustellen.

Wir Bürger müssen wachsam sein, ansonsten geht es munter weiter mit Partys und Pleiten. Angesichts des abstrusen Ablaufs dieser Ereignisse drängen sich viele Fragen auf, besonders jedoch eine: Auf welche Daten haben sich die SNB und die FINMA eigentlich gestützt, als sie am 15. März 2023 versicherten, die Situation der Credit Suisse sei unter Kontrolle, obwohl diese Bank schon vier Tage später nicht mehr existierte?

Da die Bilanz und die Außenbilanz einer großen Bank hochkomplex sind und sich von Tag zu Tag, ja Stunde zu Stunde ändern können, werden die Daten von Ende 2022 wohl nicht ausreichend gewesen sein. Die Angaben von Mitte März 2023, die die Credit Suisse Ende April endlich bekanntgab, sind, wie die vorhergehenden auch, lückenhaft und irreführend.

Ganz allgemein lassen die Jahres- und Quartalsberichte die Eigenmittelsituation der großen Zombie-Banken meist in einem guten Licht dastehen. Im Übrigen hat ab 2017 die FINMA der Credit Suisse gestattet, einen »regulatorische Filter« für ihre Eigenmittel zu benutzen, wodurch die Bank ihre Kapitalsituation beschönigen konnte. Nach meiner persönlichen Schätzung lag das Eigenkapital Anfang März 2023 auf einem eher niedrigen Niveau, ganz im Widerspruch zu den beschwichtigenden Erklärungen von FINMA und SNB.

Darauf fiel sogar die Saudi National Bank herein: Sie hatte sich offensichtlich gegen eine kritische Analyse der Situation entschieden und mit den offiziellen Daten zufriedengegeben. Resultat: Sie musste beinahe 80 Prozent des Kapitals abschreiben, welches sie 2022 bei der Credit Suisse investiert hatte.

Katastrophale Ergebnisse und skandalöse Gehälter

Es muss an dieser Stelle betont werden, dass die langwährende Abwärtsspirale der Credit Suisse alles andere als eine Überraschung war. Schon viele Jahre war die Geschichte der Bank mit wiederkehrenden Skandalen und Verlusten sowie einem Management in Verbindung gebracht worden, das auf Sicht fuhr und schamlos die sich bietenden Gelegenheiten ausnutzte. Der Leser möge darüber urteilen: Brady Dougan, Credit-Suisse-Chef bis 2014, kassierte innerhalb von acht Jahren rund 160 Millionen Franken, während die Bank etwa 70 Prozent ihres Börsenwerts verlor. Sein Nachfolger Tidjane Thiam steckte innerhalb von viereinhalb Jahren rund 64 Millionen Franken ein, gleichzeitig sank der Aktienkurs um weitere 40 Prozent. Auf ihn folgte Thomas Gottstein, der bis 2021 3,8 Millionen Franken einstrich, trotz der Kosten, die aus den dubiosen Geschäften mit den Hedgefonds Greensill und auch Archegos resultierten, dessen Gründer 2012 von der US-Justiz wegen verschiedener Finanzdelikte verurteilt worden war. Der Direktor des Verwaltungsrats, Urs Rohner, der von 2011 bis 2021 im Amt blieb, erhielt wiederum etwas über 40 Millionen Franken, während der Aktienkurs in diesen zehn Jahren um 70 Prozent sank. Die vollständige Liste der Fehlentwicklungen und Skandale wäre noch viel länger.

Aus Respekt vor dem Leser, den ich nicht weiter behelligen möchte, belasse ich es dabei und stelle eine simple Frage: Rechtfertigt die »Performance« dieser »Entscheidungsträger« diese astronomischen Vergütungen? Die Antwort auf diese legitime Frage sollte im Prinzip die Angestellten dieser Bank, die Kunden, die

Steuerzahler und die Schweizer Bürger im Allgemeinen interessieren – also alle, die in mehr oder weniger großem Umfang die Rechnung bezahlen, wenn sich die chaotischen Machenschaften und dubiosen Konstrukte dieser systemrelevanten Institution häufen. Wahrscheinlich kennen viele von ihnen diese Antwort bereits, denn man braucht dafür keinen Doktortitel in Wirtschaftswissenschaft, der gesunde Menschenverstand reicht völlig aus.

Es ist doch ganz offensichtlich: Die diesen Managern als Deckmantel dienende Theorie des Liberalismus besagt, dass Gehälter an Arbeitsproduktivität und Leistung gekoppelt sind. Wenn diese Parameter so lange negativ sind, wenn der Aktienwert, der doch als absolute Messlatte beschworen wird, nur noch ein Schatten seiner selbst ist – er war Mitte März 2023 nur noch ein Hundertstel so viel wert wie Anfang Mai 2007 –, dann ist es leicht nachzuvollziehen, dass diese Vergütungen durch nichts zu rechtfertigen und nachgerade schockierend sind. Es ist ein Grundprinzip des Liberalismus, Verantwortung zu übernehmen und für die eingegangenen Risiken einzustehen. Gewinne einzuheimsen und mit dem Geld der Steuerzahler zu pokern, verstößt eindeutig gegen dieses Prinzip.

Wetten im großen Maßstab und toxische Finanzprodukte

Die SIX-Gruppe, die die Schweizer Börse betreibt, veröffentlicht regelmäßig Statistiken über den Nennwert von Derivaten, insbesondere von Aktien. In einzelnen Wochen konnte man dort horrende Zahlen lesen: In der letzten Maiwoche 2021 und in der zweiten Märzwoche 2022 betrug ihr Gegenwert das 53 000-Fache beziehungsweise das 3750-Fache des schweizerischen Bruttoinlandsprodukts – und im Juli 2024 handelte es sich sogar um einen Betrag, der etwa 260 000 Mal höher war.

Wie kommt es, dass Derivate, die eigentlich als Verträge zur Absicherung finanzieller Risiken gedacht sind, solche Dimensionen erreichen? Wie kann man glauben, dass sich der Bedarf an finanzieller Absicherung für die Schweiz auf das Zehntausendfache des eigenen Bruttoinlandsprodukts oder gar das Hundertfache des weltweiten Bruttoinlandsprodukts beläuft? Die Größenordnung müsste doch viel geringer sein.

Bei einer durchschnittlichen Familie entspräche das Bruttoinlandsprodukt dem Jahresgehalt. Der Nennwert der für die Wohnung, das Auto und für anderes abgeschlossenen Versicherungsverträge wie der Lebens-, Feuer- oder Unfallversicherung entspricht eventuell dem Fünf- bis Zehnfachen des jährlichen Einkommens, aber sicher nicht dem 260 000-Fachen. Wenn diese Familie hingegen das Recht hätte, eine Kfz-Versicherung für das Auto eines notorisch schlecht fahrenden Nachbarn abzuschließen, dann wäre vorstellbar, dass sie dies weidlich ausnutzen würde. In Wirklichkeit würde es sich dann nicht mehr um Versicherungsverträge handeln, sondern um Wetten auf den Autounfall des Nachbarn, den die besagte Familie dann eventuell noch versucht sein könnte, durch Sabotage herbeizuführen. Solche Wetten sind bei Autos natürlich verboten, nicht aber im Finanzwesen, wo das Wetten auf die Zahlungsunfähigkeit eines bestimmten Unternehmens gang und gäbe ist.

So gesehen ist davon auszugehen, dass der astronomische Wert der Derivate für die Schweiz wie auch in vielen anderen Ländern höchstwahrscheinlich auf diese Art von Wetten zurückgeht und im Fall von Verlust letztlich der Steuerzahler dafür aufkommen muss, zumindest sobald systemrelevante Finanzinstitute beteiligt sind.

In welchem Umfang war die Credit Suisse involviert? Das ist völlig unklar. Die seitenlangen Statistiken sind eine Blackbox, aus der keinerlei Informationen nach außen dringen. Worauf warten die Behörden, um eine umfassende Aufklärung zu verlangen? Diese Situation verschärft die finanzielle Instabilität nur noch weiter, und davon profitiert die Finanzkasinowirtschaft. Was muss also noch geschehen, bevor die Finanzexperten und -wissenschaftler Alarm schlagen? Wenn man von den Banken, die man analysieren soll, bezahlt wird – und das oft üppig –, entstehen Interessenkonflikte und es kommt zu Befangenheit. Dabei hat der Steuerzahler ein Anrecht auf eine seriöse Bestandsaufnahme des Zustands der Banken, die er im Falle eines Falls ja retten muss.

Was die Derivate betrifft, über die man sich gegen einen Ausfall der CS absichern kann, die sogenannten »Credit Default Swaps«, so sind deren Preise seit 2022 explodiert. Es wäre aufschlussreich zu wissen, wer die Spieler rund um den Roulette-Tisch sind, das heißt, welche Finanzinstitute, darunter Hedgefonds, auf die Insolvenz der Credit Suisse gewettet haben und welche im Gegenteil auf die Staatsgarantie, von der die Bank profitierte. Schon allein aus Respekt vor dem Steuerzahler, der gezwungen war, in die Bresche zu springen: Bei einer Bürgschaft der öffentlichen Hand in der Größenordnung von 110 Milliarden Franken müssten diese Klarstellungen eingefordert werden.

Andere Arten von Finanzwetten wurden Anfang 2023 aktiviert. Dabei handelt es sich um Leerverkäufe, insbesondere von Credit-Suisse-Aktien. Leerverkauf bedeutet, dass diese Aktien nicht im Besitz der Institution sind, die den Verkauf in die Wege leitet, sondern von ihr geliehen wurden. Normalerweise kann man nichts verkaufen, was man nicht besitzt, zum Beispiel ein Auto. Im Finanzsektor ist das allerdings möglich: Ein Finanzinstitut leiht sich Aktien von einer Bank und verkauft sie an der Börse. Falls der Kurs fällt, kauft es sie zu einem niedrigeren Preis zurück und gibt sie der verleihenden Bank zurück. Die Differenz zwischen dem Verkaufs- und dem Ankaufskurs verschafft dem Institut einen Gewinn, der umso größer ist, je stärker der Aktienkurs gesunken ist.

Solche Leerverkäufe auf Aktien – entweder von in Schieflage geratenen Banken wie der Credit Suisse und der Deutschen Bank oder auch von der bereits untergegangenen Silicon Valley Bank –

erzielten im März 2023 Gewinne von rund 7 Milliarden Dollar.[11] Die Party ging dann munter weiter, mit anderen Banken im Visier, beispielsweise der kurz nach der Credit Suisse in den Bankrott gerutschten First Republic Bank. Bei den involvierten Finanzinstituten handelt es sich in erster Linie um Spekulationsfonds, deren Ziel es ist, extrem reiche Menschen noch reicher zu machen. Welch ein erstrebenswertes Vorhaben!

Abschließend ist noch festzuhalten, dass die Credit Suisse Mitglied in etlichen Netzwerken für vermeintlich nachhaltige Finanzen war. Um nur einige zu nennen: UN Global Compact, Swiss Sustainable Finance, Net-Zero Banking Alliance und andere. Wetten, dass die Farbe des großen Spielfelds, auf dem die Einsätze des Finanzkasinos landen, grün ist, als Ausdruck von Nachhaltigkeit?

Das Schweigen der Akademiker

Auch die akademische Zunft hielt sich bei der Analyse der Debakel und Fehlentwicklungen der Finanzwelt und insbesondere des Credit-Suisse-Fiaskos vornehm zurück. Das ist Willfährigkeit gegenüber dem Finanzsystem. Die meisten Professoren des Fachgebiets, insbesondere in der Schweiz, haben schlichtweg geschwiegen. Einige andere hatten sich im Vorfeld betont beruhigend über die Unmöglichkeit eines solchen Konkurses und die angebliche Stabilität des Systems geäußert.[12]

So lässt sich festhalten: Es gab entweder ohrenbetäubendes Schweigen oder einlullendes Geschwätz. Der Kontrast zur Wissenschaft beim Umgang mit dem Klimawandel oder dem Verlust der Artenvielfalt ist erschütternd: Um diese Phänomene zu erklären und die Aufmerksamkeit der Öffentlichkeit auf die gegenwärtigen und zukünftigen Katastrophen zu lenken, haben sich viele Professoren der Naturwissenschaften, insbesondere die Mitglieder des IPCC, gemeinsam und öffentlich zugunsten des Gemeinwohls engagiert. Im Gegensatz dazu hat der Konkurs der zweitgrößten Schweizer Bank die akademische Fachwelt, zumindest in ihrer großen Mehrheit, nicht dazu bewogen, ihren Elfenbeinturm zu verlassen. Die intellektuelle Passivität, die Bequemlichkeit des Alltagstrotts, eventuelle Gehaltsaufbesserungen durch große Finanzinstitutionen sowie die Rolle von manchen Stiftungen wie dem Swiss Finance Institute[13] regen anscheinend nicht zu einer kompromisslosen Überprüfung an, zur Infragestellung eines bequemen, für den Normalbürger jedoch zerstörerischen Status quo oder zur Anprangerung des Fehlverhaltens dieser Bank in Bezug auf die Finanzierung von Erschließung und Förderung fossiler Energien.

So ist festzuhalten, dass es sich über den Fall der Credit Suisse hinaus auch um den Bankrott des Finanzkasinosystems handelt, um den Bankrott einer politischen Elite, die fünfzehn Jahre lang alles geschehen ließ, und um den Bankrott der einschlägigen akademischen Welt, die sich allzu oft unangemessen nachsichtig gegenüber den großen Finanzinstitutionen zeigte. Die Finanzkasinowirtschaft wie auch die klassische Volkswirtschaft, aus der sie hervorgegangen ist, brauchten und brauchen einen universitären Unterbau, der sie zumindest nach außen hin sowohl intellektuell als auch wissenschaftlich rechtfertigt und ihr die White-Collar-Söldner mit dem passenden Know-how zuführt, was der rasanten Aneignung von Reichtümern durch eine gierige Kaste zugutekommt. Es ist offensichtlich profitabel, auf die Käuflichkeit großer Teile des Lehrkörpers in der Wirtschaftswissenschaft zu setzen.

5 Wirtschaftswissenschaft und Korruption in den Hochschulen

»Wissen Sie, was der Grund für Eigentum ist, der eigentliche Grund? Es ist der Glauben an die Unsterblichkeit der Seele.«

Georges Darien, Der Dieb, 1897[1]

Die wirtschaftswissenschaftliche Ausbildung ist ein wesentlicher Bestandteil des derzeitigen Systems. Ziel ist es, Jahr um Jahr scharenweise Absolventen auf den »Arbeitsmarkt« zu spülen, die den nicht vertretbaren Status quo mit Zähnen und Klauen verteidigen. Ein pseudowissenschaftlicher Ansatz und der entsprechende Jargon sind in diesem zynischen Feldzug zur Unterstützung eines räuberischen Systems ausschlaggebend.

Das weiter oben bereits angeführte Beispiel Chiles illustriert dies sehr gut. Schon 1956, lange vor dem 1973 von Augusto Pinochet angeführten Staatsstreich, stimmte die dortige Päpstliche Katholische Universität, die »Católica«, einer Partnerschaft mit ihrer Schwesterhochschule in Chicago zu. Diese finanzierte und übernahm die Ausbildung neoliberaler Ökonomen sowohl vor Ort wie auch auf ihrem eigenen Campus, wodurch die vermeintlich Begabtesten der Chicago Boys ihr Studium fortsetzen konnten – und Vorlesungen des bereits zitierten Milton Friedman, eines Papsts des Neoliberalismus, besuchten. Diese unheilige Allianz zwischen Mitra und Dollar, zwischen dem Tempel und seinen Händlern, sollte einen dominierenden Einfluss auf den Inhalt des wirtschaftswissenschaftlichen Lehrplans ausüben.

Die Weitergabe der Lehrmeinung zu einer glorifizierten Marktwirtschaft entsprach einer einseitigen Prägung des Denkens von zahlreichen Studenten, die nach ihrem Hochschulabschluss eine Schlüsselrolle bei der ideologischen Vorbereitung auf die Machtübernahme und später bei der wirtschaftlichen Ausgestaltung des aus dem Staatsstreich hervorgegangenen diktatorischen Regimes spielten, für das sie sich ab September 1973 aktiv einsetzten. Friedrich A. von Hayek, ein weiterer Papst der neoliberalen Ideologie, begab sich übrigens nach dem Staatsstreich mehrmals nach Chile. Er äußerte sich wiederholt lobend über die Wirtschaftspolitik Augusto Pinochets, den er auf einer seiner Reisen sogar persönlich traf.[2]

Hier liegt zweifelsohne ein Fall von akademischer Korruption in einer besonderen Ausprägung vor. Im Namen einer Ideologie, der zufolge Märkte frei sein sollen, engagieren sich Professoren für eine gewalttätige Bewegung, die Grundfreiheiten aufhebt, Menschen einsperrt und umbringt. Ein reines Ehrenamt wird das nicht gewesen sein. Sie verknüpfen ihre eigenen Interessen mit denen einer Diktatur.

Die politische Ökonomie in der Kritik

Das ist schon eine kuriose Kehrtwende, wenn man bedenkt, dass es bei den Anfängen der Volkswirtschaft als Gesellschaftswissenschaft ja gerade darum ging, der Willkür von Fürst und Kirche entgegenzuwirken. »Diese Wissenschaft, geboren im Feuer des Kampfes der Bourgeoisie gegen das Feudalsystem«, wie es Karl Korsch 1938 formulierte,[3] zielte ursprünglich auf eine Befreiung ab. Doch das ist eindeutig seit Langem nicht mehr der Fall. Die Wirtschaft als eigenständiges Wissensgebiet ist aufs Engste mit der Entwicklung des Kapitalismus verbunden und bot einen rationalen Denkansatz als Gegenpol zum Absolutismus des Ancien Régime.

Schon zuvor hatten sich zahlreiche Philosophen, Theologen, Juristen, Historiker und Literaten, die der Entstehung des Kapitalismus in seiner vorherrschenden Form vorausgingen oder ihn in seinen Anfängen begleiteten, mit wirtschaftlichen Fragen befasst. Hierzu fallen zwingend einige große Namen ein. Für Aristoteles unterlag die Wirtschaft, also das gute Zusammenleben im gemeinschaftlichen Haus, den Grenzen der gemeinsamen Politik und Ethik, und er sah das Streben nach unermesslichen Reichtümern als Perversion an.[4] Thomas von Aquin analysierte den Wucher und die Bildung eines sogenannten »gerechten« Preises.[5] Ibn Chaldūn behandelte die Verbindungen von Politik, Wirtschaft und Gewalt sowie die Rolle des Staates in der Wirtschaft.[6]

Adam Smith, der einen Lehrstuhl für Logik und später auch für Moralphilosophie an der Universität Glasgow innehatte, legte dar, dass der Ursprung jeglichen Reichtums untrennbar mit der Arbeit der Menschen verbunden sei und diese den Waren ihren (Tausch-) Wert verleihe. Die Werttheorie ist eines der Hauptmerkmale der sogenannten klassischen Ökonomie. Als zentrale Faktoren für die Bereicherung der Nationen nannte Smith den Kapitalbestand und die Arbeitsteilung, die wiederum durch die Größe des Markts vorangetrieben werde.[7] Er prägte den Begriff der »unsichtbaren Hand« im Zusammenhang mit der Theorie, dass die Neigung, aus persönlichem wirtschaftlichem Interesse zu handeln, zum Gemeinwohl und zum allgemeinen Wohlstand beitrage.

Der aufgrund seiner Lektüre und seiner Kontakte zu Wissenschaftlern über ein eklektisches Wissen verfügende Henri de Saint-Simon konzentrierte sich seinerseits auf den aufkommenden Industrialismus, die produktive Arbeit, den technischen Fortschritt und die Wissenschaft im Allgemeinen als Quelle des menschlichen Fortschritts.[8]

Diese nicht abschließende Liste zeigt, dass im Rahmen der Organisation einer Herrschaft, eines politischen Regimes oder auch beim Aufbau eines Staats eine Reihe von entscheidenden, vor allem wirtschaftlichen Fragen zu beantworten sind und dass diese Fragen behandelt wurden, lange bevor es dafür eine eigene Wissenschaft gab. Diejenigen, die – obwohl in anderen Fächern ausgebildet – sich mit besagten Themen befassten, waren die Vordenker einer aufkeimenden Wissenschaft, die sich erst im 19. Jahrhundert mit dem weltweiten Siegeszug der kapitalistischen Produktionsweise richtig entfaltete. Um effizient funktionieren zu können, brauchte diese das entsprechende theoretische Rüstzeug. Und genau das sollte die Volkswirtschaftslehre für alle grundlegenden Fragen liefern: eine fundierte Analyse des Warenwerts, der Rolle des Staats, der Entwicklung der Märkte und ihrer Wechselwirkungen, der Preisbildung, der Löhne, der Arbeitslosigkeit, der Geldpolitik, der optimalen Produktion und des optimalen Verbrauchs, der Auswirkungen von Kriegen und anderes mehr.

Die Ware und ihr Wert

Im Laufe der Zeit haben sich verschiedene Schulen mit unterschiedlichen oder sogar gegensätzlichen analytischen Ansätzen herausgebildet. Der Ökonom David Ricardo griff Anfang des 19. Jahrhunderts die Arbeiten von Adam Smith auf und ergänzte sie, indem er der Wert einer Ware anhand der zu ihrer Herstellung erforderlichen beziehungsweise der in sie eingebrachten Arbeit untersuchte.

Daran anlehnend definierte Karl Marx diesen Wert auf der Grundlage der zu seiner Produktion gesellschaftlich notwendigen Arbeitszeit. Er entwickelte und erklärte das Konzept des Mehrwerts, das heißt die Differenz zwischen dem Wert der Waren und dem Lohn, der den Arbeitern für deren Herstellung gezahlt wird. Um zu überleben, verkaufen die Arbeiter ihre Arbeitskraft an Kapitalisten, die ihnen im Prinzip die Kosten für die Aufrechterhaltung derselben auszahlen, sozusagen den Wert der Waren, die sie für ihre täglichen Grundbedürfnisse wie Nahrung, Unterkunft, Heizung oder Mobilität benötigen – und nicht etwa den Wert des Produkts ihrer Arbeit. Die Arbeitskraft wird also als Ware verstanden, und ihr Verkauf ist das Schlüsselelement im Prozess der Wertschöpfung, den die Bourgeoisie zur Erhöhung ihres Lebensstandards und zur Akkumulation von Kapital nutzt. Wertschöpfung wird erzielt, sobald die Produktion auf einem Markt abgesetzt wird.

Mit der industriellen Revolution übernahmen die Maschinen, auch »tote Arbeit« genannt, die Herrschaft über die lebendige Arbeit, die dadurch repetitiv und entmenschlicht wurde und unter entsetzlichen Unterdrückungsverhältnissen stattfand, wie Karl Marx untersuchte.[9] Er erklärte, dass Ausbeutung und Wertgesetz keine Naturgesetze seien, sondern vielmehr das Ergebnis eines bestimmten Produktionsverhältnisses, in diesem Fall des Kapitalismus, was ihn dazu veranlasste, die politische Ökonomie zu kritisieren, da sie eng mit dem Kapitalismus verknüpft sei. Er setzte sich für die Abschaffung des Kapitalismus und seine Ablösung durch eine klassenlose Gesellschaft, den Kommunismus, ein.

Ende des 19. Jahrhunderts entstand die sogenannte »Grenznutzenschule«. Sie steht in Verbindung mit den Arbeiten von Léon Walras, Carl Menger und William Stanley Jevons. Der Wert einer Wareneinheit wird hier nicht aus der zur Herstellung erforderlichen Standardarbeitsleistung abgeleitet, sondern aus dem Nutzen, den der Konsument daraus zieht. Für antagonistische soziale Beziehungsmuster gibt es in dieser Schule keinen Platz. Je nach Bedarf treffen sich Individuen, das heißt Produzenten, Konsumenten oder allgemein »Agenten«, punktuell auf sozusagen aseptischen Märkten, um mit verschiedenen Gütern, beispielsweise Arbeit, zu handeln.

Die Rolle des Staats

Im Fall der als zweite Thematik genannten Rolle des Staats propagierte die liberale Schule eher ein Laissez-faire-Prinzip. Die Entfaltung der Märkte und die Ausrichtung auf den internationalen Handel sollten den Frieden und den Wohlstand der Länder sichern. Der Staat sollte sich vor allem auf die Aufrechterhaltung der Ordnung und die Erschließung neuer Absatzmärkte, unter anderem in den Kolonien, beschränken. Diese Theorien scheiterten allerdings am Ersten Weltkrieg sowie an der Weltwirtschaftskrise von 1929 und ihren Auswirkungen in Deutschland im Jahr 1931. Der Liberalismus war zu dieser Zeit insofern gestorben, als er tiefgreifenden internationalen Verwerfungen Vorschub leistete: Kriege und Krisen, die zu Diktaturen führten.

In der Folgezeit gewann die keynesianische Schule, die dem Staat eine wesentliche Rolle zuwies, immer mehr an Bedeutung. Der Staat sollte die Wirtschaft regulieren, um das Risiko einer Krise zu verringern. Durch seine Politik der großen Bauprojekte, wie in den 1930er-Jahren oder im Zug des Wiederaufbaus Europas nach dem Zweiten Weltkrieg, wurde er zum unentbehrlichen Akteur im Kapitalismus. Das gilt im Übrigen auch für dessen andere, in Kapitel 1 beschriebenen, Spielarten. Der Staat unterdrückte die 1917 in Russland eingeleitete politische Revolution und eignete sich die Produktionsmittel an. Er dirigierte die Wirtschaft der faschistischen und nationalsozialistischen Länder.

Der Keynesianismus war so gesehen eine Antwort auf den Liberalismus. Ab den 1980er-Jahren erfüllte diese Wirtschaftspolitik, wie wir in Kapitel 2 gesehen haben, jedoch immer weniger die Erwartungen der Regierungen. Der Neoliberalismus etablierte sich daraufhin als Pseudoantwort auf den Keynesianismus. Pseudoantwort insofern, als die Krise von 2007/2008 gezeigt hat, dass er in Auflösung begriffen ist und die derzeitigen Ungleichgewichte verstärkt. Er proklamiert sein Misstrauen gegenüber dem Staat und ruft gleichzeitig nach dessen starker Hand, um seine Interessen durchzusetzen und neue Märkte zu schaffen, egal welche und wo.

Ein todbringendes, zu überwindendes System

Die traditionellen Ökonomen argumentieren im Rahmen eines zerstörerischen und sich in fortgeschrittenem Verfall befindlichen Systems. Sie sind unfähig, über seine Überwindung nachzudenken oder sie auch nur in Betracht zu ziehen. Und sie sind nicht in der Lage, davon zu abstrahieren. Sie wollen nicht begreifen, dass eine wahrhaft menschliche Gesellschaft möglich ist, dass das gegenwärtige System enorme produktive Fähigkeiten in sich birgt, die sich in einem neuen Rahmen noch viel stärker entwickeln könnten, um dadurch die für produktive Arbeit aufgewendete Zeit stark zu reduzieren und ein menschenwürdiges Leben zu ermöglichen.

Diese potenzielle neue, den Bedürfnissen der Mehrheit gerecht werdende Gesellschaftsordnung zu erkennen – dazu ist die Oligarchie, die uns die rücksichtslose Ausbeutung von Mensch und Natur aufzwingt, von vornherein nicht bereit. Der Mensch zeichnet sich angeblich unter anderem durch die Fähigkeit aus, zu erfassen, was nicht auf den ersten Blick sichtbar und nur unterschwellig vorhanden ist, sich vorstellen zu können, was sozusagen auf der anderen Seite des Bergs liegt[10], was man nicht sieht, aber erahnt. Ganz offensichtlich geht den konventionellen Ökonomen diese Fähigkeit ab. Sie stellen sich damit nicht nur absichtlich blind, sondern ihre Einstellung zeugt auch davon, wie korrupt sie in moralischer und materieller Hinsicht sind.

In ihren Augen kann es nicht anders sein, als dass die Wirtschaft und die damit einhergehende Gesellschaftsordnung den Märkten unterworfen ist, was auch ihren herablassenden Blick auf alle anderen Geisteswissenschaften erklärt. Diese selbstgerechte Kaste kann das System der allumfassenden Kommodifizierung nicht anzweifeln, da sie es als gewissermaßen naturgegeben ansieht und davon lebt, und zwar gut. Sie preist das Streben nach Produktivität, welches in Wirklichkeit die menschliche Existenz untergräbt. Sie reduziert den Menschen auf einen ebenso rationalen wie berechnenden Homo oeconomicus und übersieht so seine soziale und humane Dimension.

Diese Hüter des Tempels interessieren sich offensichtlich nicht für einen Autor wie Keynes, der in seinem »Brief an unsere Enkelkinder«[11] aus dem Jahr 1930 die Marktwirtschaft als ein Übergangsmodell betrachtete, das auf lange Sicht den Wandel von der Knappheit zum Überfluss ermöglichen sollte. Seine Prognosen für das Jahr 2030 gingen von einem deutlichen Anstieg des Lebensstandards aus – um das Vier- bis Achtfache innerhalb von hundert Jahren. Die Menschheit werde ihre wirtschaftlichen Probleme gänzlich oder doch beinahe gelöst haben und endlich in den Genuss einer harmonischen Lebensweise kommen. Der Kampf um den Lebensunterhalt werde an Bedeutung verlieren und die Liebe zum Geld um des lieben Geldes willen als krankhafte Neigung oder, wie er es nannte, »disgusting morbidity« angesehen werden.

Durch den technischen Fortschritt solle sich die Arbeitszeit auf etwa drei Stunden pro Tag reduzieren lassen, was mehr als genug sei, um die Bedürfnisse der Menschheit zu decken. Ihm zufolge sollen diese Veränderungen allmählich eintreten, indem immer größere Teile der Bevölkerung von wirtschaftlichen Zwängen befreit würden. Die frei verfügbare Zeit lasse sich dann für soziales Leben nutzen, und die Wirtschaft könne in den Hintergrund rücken.

In mancher Hinsicht lässt seine Vision an sozialistische Theoretiker wie Eduard Bernstein denken[12], die gleich zu Anfang des 20. Jahrhunderts als Revisionisten (in Bezug auf die Revolutionstheorie von Karl Marx) und Reformisten bezeichnet wurden, da sie glaubten, dass das Wachstum und die positive Entwicklung des Kapitalismus den Übergang zu einer sozialistischen, klassenlosen Gesellschaft auf dem evolutionären Weg über die parlamentarische

Demokratie ermöglichen würden.[13] Keynes' Analyse zeigt gerade, dass sie dynamisch ist, dass ein bestimmtes Wirtschaftssystem nicht das Ende der Geschichte ist, sondern seine Weiterentwicklung in sich trägt, was den traditionellen Ökonomen offensichtlich entgeht, die er zu mehr Bescheidenheit und Fachwissen ermahnt.

Bezüglich seiner Prognosen für 2030 ist bemerkenswert, dass sie vom Ausbleiben eines zweiten großen internationalen Konflikts abhingen (ähnlich wie Eduard Bernsteins Prognosen vom Ausbleiben katastrophaler Wirtschaftskrisen abhängig waren), was aufgrund des Zweiten Weltkriegs und wiederholter Konflikte niedriger oder hoher Intensität leider nicht der Fall war. Der deutliche Rückgang der produktiven Arbeitszeit war unter anderem an ihre faire Verteilung innerhalb der Bevölkerung geknüpft, doch das ist heute eindeutig nicht gegeben. Und was die Bedürfnisse, die irgendwann befriedigt sein sollten, betrifft: Der Kapitalismus erzeugt ständig neue Begehrlichkeiten, eher virtuelle als reale, die sich mit Ramschprodukten bedienen lassen. Das so induzierte Wachstum ist für das System essenziell, aber in letzter Instanz schädlich für die Allgemeinheit. Dies bekräftigt den in Kapitel 2 dargestellten Antagonismus zwischen Wachstum und Entwicklung in unserer Zeit.

Die heutige »Wirtschaftswissenschaft« ist ihrer eigenen Geschichte gegenüber ignorant.[14] Sie hält an unpassenden Konzepten fest und ist nur noch der Schatten ihrer selbst. Sie verhält sich wie eine Religion oder sogar wie eine Sekte, die im wissenschaftlichen Gewand daherkommt. Wer es wagt, ihren Dogmen zu widersprechen, wird exkommuniziert. Die anderen, von ihresgleichen anerkannt, machen sich ein nettes Leben, indem sie die Provisionen und Jetons des Finanzkasinos kassieren.

Zudem herrscht an vielen wirtschaftswissenschaftlichen Fakultäten eine besondere Geisteshaltung. Akademische Anerkennung ist oft davon abhängig, ob man in der Lage ist, seinen Posten sponsern und seine Forschung von großen Finanzinstituten oder Industriekonzernen finanzieren zu lassen. Das bedeutet, dass grundlegende

Kritik an der herkömmlichen Wirtschaft und ihren offensichtlichen Fehlfunktionen keinen Platz in den »wissenschaftlichen« Fachzeitschriften findet, in denen die betreffenden Kollegen eigentlich ihre Arbeiten veröffentlichen müssten. Ihre Bedenken, sofern sie überhaupt existieren, müssen marginal und angepasst bleiben. Offene Türen einzurennen und Scheingefechte zu führen, dient nur dazu, das eigene Image aufzupolieren und Augenwischerei zu betreiben.

Dieses würdelose Verhalten hat zur Folge, dass es innerhalb der akademischen Hochschullehrerschaft nicht nur die Gruppe derjenigen gibt, die gesponsert werden, sondern eine weitere, die sich nichts sehnlicher wünscht, als ebenfalls davon zu profitieren. Aber keine Sorge, die wissenschaftliche Freiheit bleibt garantiert gewahrt, dafür gibt es schließlich akademische Kommissionen! Die Spielregeln werden doch eingehalten. Hier wird in einer hochkarätigen Zirkusnummer vorgeführt, wie man auf dem Strich tanzt. Kaum jemanden scheint es zu stören, wie unwürdig das Spektakel ist. Diese Kritik lässt sich an konkreten Beispielen von Gefälligkeiten festmachen.

Mit Uber an die Uni

Im Sommer 2022 enthüllten die »Uber Files«, dass zwei in ihren jeweiligen Ländern, nämlich Frankreich und Deutschland, bekannte Finanz- oder Wirtschaftsprofessoren im Jahr 2016 Studien im Auftrag von Uber verfasst hatten, in denen sie die Vorzüge des Unternehmens in Bezug auf die angebliche Anbindung der Vorstädte oder auch die Steigerung der Produktivität anpriesen. Insgesamt ging es darum, die »Uberisierung der Wirtschaft« zu promoten, was in Wahrheit eine raschere Prekarisierung der Arbeitsbedingungen impliziert.

So berichten die Medien, darunter die Tageszeitung *Le Monde* sowie *The Guardian*[15], dass diese beide Professoren eine Summe von

100 000 Euro geteilt hätten. Dass die Autoren die Stundenlöhne der Fahrer von 20 Euro (übrigens ohne Berücksichtigung der Abzüge für Versicherung und Benzin) lobend hervorheben, während sie jeder zwischen 50 000 Euro für ihre Lobbyarbeit erhalten haben sollen, entbehrt nicht einer gewissen Brisanz und eines gewissen Zynismus.

Anders gesagt spielt die für ihre Diskretion bekannte akademische Welt der Finanz- und Wirtschaftswissenschaften eine wichtige Rolle bei der Verteidigung von Partikularinteressen. Der Bezug von Gehaltszulagen durch bedeutende Institutionen – oder die Hoffnung darauf – verleiten dazu.

Hier ein zweites Beispiel, das in der Presse Erwähnung fand. So steht in *Le Monde Diplomatique* vom Mai 2011[16] Folgendes: Vor der Finanzkrise 2008 sollen zwei renommierte Professoren, einer von der Columbia Business School und der andere von der London Business School, großzügig dafür bezahlt worden sein, dass sie als Autoren von Berichten firmierten, in denen die Spitzenleistungen des isländischen Finanzsektors gepriesen wurden. Der Rest ist bekannt: Die drei großen Banken des Landes gingen 2008 innerhalb weniger Tage in Konkurs.

Die Wirtschaftsfakultäten und Business-Schools mit ihren Departments of Finance, in denen viele als Wissenschaftler verkleidete Betrüger sich in Szene setzen, wären ein perfekt geeigneter Rahmen für eine moderne Version von Molières *Tartuffe*.

Die Spitze des Eisbergs

Diese in den Medien bekannt gewordenen Beispiele sind nur die Spitze des Eisbergs. Sie bringen die überall verbreitete Korruption in der akademischen Welt ans Licht. Um dieses Phänomen besser verstehen und einordnen zu können, muss man einige Jahrzehnte zurückgehen und feststellen, dass die ersten eigenständigen Fachbereiche für Finanzen in den 1980er- und 1990er-Jahren eingerichtet wurden. Zuvor gehörten die wenigen in diesem Feld tätigen Professoren akademischen Instituten für Wirtschaft oder Management an. Es war die Zeit, als der Neoliberalismus mit seinen Deregulierungs- und Privatisierungswellen eine dominierende Rolle zu spielen begann. Professoren mit einem klassischen Ökonomie- oder Managementabschluss konnten die neuen Fragen, mit denen sich die Finanzinstitute von nun an auseinandersetzen mussten, nicht wirklich beantworten. Es ging um nicht mehr und nicht weniger als um die Änderung des Geschäftsmodells der Großbanken, wie wir es am Beispiel der Credit Suisse beschrieben haben.

Die klassische Aufgabe der Banken, aus der Differenz zwischen Kreditgeber- und Kreditnehmerzinsen einen Gewinn zu erwirtschaften, ist für die neuen Generationen von Bankern eine langsame, um nicht zu sagen langweilige Tätigkeit. Die Deregulierungs- und Privatisierungswellen einerseits und der Fortschritt in der Informationstechnologie andererseits haben andere Aktivitäten entstehen lassen, die hohe und schnelle Gewinne versprechen. Die Verwaltung und Analyse von Fusionen und Übernahmen sowie die Entwicklung riesiger Handelsräume, in denen etwa Aktien, Anleihen oder Derivate gehandelt wurden, führten zur Entstehung der Corporate Finance respektive der Kapitalmarkttheorie.

Erstere hat die Schaffung von riesigen Konglomeraten begünstigt, deren Topmanager sich signifikant bereichert haben. Der unverhältnismäßige Anstieg ihrer Einkünfte rechtfertigte sich dadurch, dass sie danach an der Spitze eines neuen, größeren Unternehmens stünden. Das Management in den Banken sowie die Fusions- und Übernahmespezialisten, Juristen und Finanzfachleute, die hier am Werk sind, bereichern sich ebenfalls gehörig: Die Manager erhalten vor allem Stock-Options. Dabei handelt es sich um ein Derivat, das heißt einen Vertrag, der ihnen das Recht einräumt, zu einem bestimmten Zeitpunkt eine große Zahl an Aktien des von ihnen geleiteten Unternehmens zu einem günstigen Preis zu kaufen. Je höher der Börsenkurs oder die eingegangenen Risiken, desto lukrativer der daraus zu ziehende Gewinn.

Bei der Kapitalmarkttheorie wiederum erwies sich ein Abschluss in Mathematik, Physik oder Informatik oft nützlicher als ein VWL-Diplom. Die explosionsartige Zunahme des Emissionsvolumens von Derivaten, unter anderem auf Aktien, passt genau in den Kontext von Finanzialisierung und Digitalisierung. Ihr gigantisches Volumen im Vergleich zu den nationalen Bruttoinlandsprodukten vermittelt einen Eindruck davon, wie sehr die Finanzwelt die Wirtschaft im Würgegriff hält.

Um die einschlägigen Preise in Echtzeit anzuzeigen, bedarf es zudem eines geeigneten IT-Tools. Die Wertermittlung erfolgt auf der Grundlage äußerst fragwürdiger Annahmen, wonach die Finanzmärkte perfekt, effizient, nicht manipulierbar und nicht etwa auf einem Gleichgewicht zwischen Angebot und Nachfrage beruhend, sondern zufallsgesteuert sind. Je größer die Risiken, die Unsicherheit und die finanziellen Ungleichgewichte aller Art, desto höher auch die Preise der meisten Derivate. Im Umkehrschluss würden ruhige und relativ berechenbare Finanzmärkte dazu führen, dass ihr Wert erheblich sinkt. Mithilfe dieser Instrumente lässt sich das Risiko, das mit den unberechenbaren Kursschwankungen von Aktien und anderen Wertpapieren verbunden ist, in Finanzanlagen und letztlich in klingende Münze für die Oligarchie umwandeln.[17] Diese wundersame Verwandlung verschärft die prekäre Lage der Normalbürger und macht sie insgesamt verwundbarer.

Zusammenfassend gesagt: Die zunehmende Bedeutung der Informatik, die sich in der Wirtschaft immer mehr durchsetzende Dynamik der Finanzkasinowirtschaft sowie ein rechtlicher Rahmen, der es ermöglicht, Finanzverträge sowohl für Fusionen und Übernahmen als auch für Derivate zu schnüren zur Gewinnoptimierung der großen Banken und Hedgefonds, die diese Verträge auflegen – all das sind Merkmale, die es dem Finanzsektor ermöglichen, sich einen immer größeren Teil des von anderen Branchen erwirtschafteten Mehrwerts anzueignen, wie dies oben bereits thematisiert wurde. Darüber hinaus bietet der Finanzsektor den Haltern von Aktien und Anleihen von Unternehmen aus diesen anderen Wirtschaftsbereichen die Möglichkeit, potentielle künftige Profite oder noch nicht erfolgte Kapitalgewinne vorwegzunehmen, und den Haltern von Derivaten wird erlaubt, auf deren Realisierung zu spekulieren. Ein lukratives Geschäft!

Karl Marx zufolge ist die kapitalistische Wirtschaft mit einem tendenziellen Fall der Profitrate konfrontiert[18], was sich durch die Finanzialisierung der Wirtschaft vorübergehend vereiteln lässt.

Die Finanzbranche ist für Investoren attraktiv, da ihre Kapitalrendite in der Regel höher ist als die vieler Industriezweige, mit Ausnahme der in diesem Buch bereits erwähnten Informationstechnologie, wo die GAFAM-Konzerne ihre Quasi-Monopolstellung ausnutzen, und der Rüstungsproduktion. Immer wieder wird eine weit über dem Wirtschaftswachstum liegende Rentabilität des »Eigenkapitals« [19] von 15 Prozent oder mehr zur Schau gestellt. Bei den Großbanken ist diese Rendite umso höher, je größer ihre Schulden sind. Da das Ausfallrisiko beim Steuerzahler liegt, ist das Schuldenmachen für sie relativ preiswert, und ihr Management favorisiert einen sehr kleinen Eigenkapitalanteil in Höhe von etwa 5 Prozent der Bilanzsumme – oder sogar weniger.

Global gesehen gleicht, aufgrund der dominierenden Rolle des Finanzsektors in der Wirtschaft, eine hohe Eigenkapitalrendite den tendenziellen Fall der Profitrate vorübergehend aus, allerdings um den Preis schwerer Verwerfungen. Einerseits wären zahlreiche Großbanken tatsächlich bereits bankrott, wenn der Steuerzahler nicht für das Ausfallrisiko ihrer enormen Schulden aufkäme, und andererseits leben große Teile der Bevölkerung in Not und Elend. So hat sich die Finanzkasinowirtschaft rasant entwickelt und saugt Gewinne aus sogenannten produktiven Sektoren ab, um es in Einsätze für seine maßlosen Wetten oder in Faustpfänder für seine dubiosen Geschäfte zu verwandeln.

Die großen Banken sind mittlerweile international tätig und systemrelevant geworden. Das heißt, sie gehen unverhältnismäßig hohe Risiken ein und erhalten bei allzu schweren Verlusten staatliche Unterstützung – alles natürlich im Namen des Liberalismus. Es musste also eine Professorenschaft aus dem Boden gestampft werden, um die zukünftigen Spezialisten für dieses Fachgebiet und nicht mehr nur für die Wirtschaft im Allgemeinen auszubilden. Die anfangs vielfach vom Privatsektor, insbesondere von den Business-Schools, getragenen Kosten für diese Studiengänge wurden im universitären Rahmen dann häufig vergesellschaftet, also der Allgemeinheit aufgebürdet. So müssen heute beispielsweise öffentliche Gelder dafür herhalten, die zukünftigen Manager von Hedgefonds auszubilden, welche vorrangig darauf abzielen, bereits extrem reiche Menschen noch reicher zu machen. Ein Mindestmaß an Anstand würde es erfordern, dass die entsprechenden Kosten von diesen privaten Einrichtungen selbst getragen werden.

White-Collar-Söldner und Pseudowissenschaft

Die von den großen Banken betriebene Einrichtung dieser Lehrstühle verfolgte auch das Ziel, sich einen wissenschaftlichen Anstrich zu geben. Wenn man etwa die grotesk hohen Vergütungen der Bankdirektoren unter Bezugnahme auf »wissenschaftliche« Veröffentlichungen auch »wissenschaftlich« rechtfertigen kann, ist das höchst nützlich, besonders wenn die Performance katastrophal ist. Dabei kam den Bataillonen universitärer Söldner, die sich öffentlich für die genannten Institutionen einsetzten, sowie den unterwürfigen Lakaien, die lieber schwiegen, eine strategische Bedeutung gegenüber all denen zu, die die exorbitanten Gehälter und ganz allgemein die Fehlentwicklungen der Finanzkasinowirtschaft anzuklagen wagten. Diese universitäre Korruption, sei sie aktiv oder passiv, ist so abstoßend wie toxisch. Wenn einem an der eigenen Gesundheit gelegen ist, tut man gut daran, sich von den entsprechenden Kollegen fernzuhalten.

Das alles steht diametral im Widerspruch zum Geist der Universität eines Wilhelm von Humboldt (1767 bis 1835) und der Aufklärung, welche ja gerade einen wissenschaftlichen Ansatz förderten, der von wirtschaftlichen, ihrer eigentlichen Bestimmung zuwiderlaufenden Interessen unabhängig sein sollte. Es ging darum, den Studenten die fachlichen und analytischen Kompetenzen zu vermitteln, die Kritikfähigkeit erst ermöglichen.

Wir haben es hier vielmehr mit einer anderen Art von Modell zu tun, das für die fördernden Unternehmen oder Stiftungen kostengünstig ist. Da nicht sie für die Kosten der Ausbildung und der Verwaltung aufkommen, beschränkt sich ihre finanzielle Unterstützung auf Gehaltszulagen, die einzelnen Professoren auf wenig transparente Weise gezahlt werden. Bildung und Forschung werden so in eine Richtung gelenkt, die bestimmten privaten Interessen entspricht – und allzu oft prangt dann das Markenzeichen des Geldgebers auf Diplomen, deren Erlangung vom Steuerzahler finanziert wurde. Die Universität wird dazu angehalten, sich den Vertretern der Finanzwelt anzudienen und ihre Forschung nach deren Agenda auszurichten. Kritisches Denken findet dort kaum noch einen Platz. Stattdessen beschränkt man sich auf die Reproduktion von Fachkenntnissen, die im Grunde zu aktualisieren wären, da sie die ständigen Ungleichgewichte und Instabilitäten des Finanzsystems und seiner sozialen Auswirkungen nicht berücksichtigen. Interessenkonflikte und das Schweigen derjenigen, die von Zuwendungen profitieren, sind dieser Art von Struktur inhärent. Die daraus resultierende einseitige Konditionierung des Denkens ist mit der akademischen Freiheit unvereinbar.

An vielen staatlichen Universitäten in der Schweiz wie auch in Deutschland und Österreich sind die Gehälter der Professoren für Finanzwirtschaft bereits komfortabel. Es wäre daher nur logisch, wenn sie ihre Lehr- und Forschungstätigkeit nicht auf die Bedürfnisse des Finanzsektors ausrichten, sondern dessen Fehlentwicklungen untersuchen und Lösungen vorschlagen würden, um das Gemeinwohl und die Interessen der breiten Masse zu fördern. Dann stünde eine kritische Analyse der exorbitanten Macht, die der Finanzsektor erlangt hat, und der Uberisierung der Wirtschaft auf der Tagesordnung. Es gilt, die Wirtschaft zu dekonstruieren, die, wie bereits in der Einleitung festgestellt, nicht nur unfähig ist, das gemeinsame Haus der Menschheit gut zu verwalten, sondern die es sogar verwüstet. Es geht um den Umbau zu einer Wirtschaft, die den Menschen respektiert, anstatt ihn auf einen beliebig einsetzbaren Faktor für Produktion, Konsum und, im Konfliktfall, für Zerstörung zu reduzieren.

Die akademische Korruption lässt sich nicht auf ihre finanzielle Dimension reduzieren. Sie geht vielmehr einher mit einer moralischen Zersetzung der betroffenen Individuen, eines Großteils der Wirtschaftsprofessoren – einer Entwürdigung im weitesten Sinn. Der Intellekt oder das, was davon übrig ist, wird mobilisiert. Um ihre Aufgaben im Dienst des Finanzsektors, der Großindustrie und der allgemeinen Kommerzialisierung sowohl der menschlichen Beziehungen als auch der Natur im Allgemeinen erfüllen zu können, müssen diese White-Collar-Söldner mit dem erforderlichen akademischen Rüstzeug ausgestattet werden, um es den Studenten ihres Fachbereichs angemessen vermitteln zu können.

Es wäre zu mühsam, die Liste der untauglichen, pseudowissenschaftlichen Konzepte und deren fadenscheinige Begründungen, die diese Falschmünzer verbreiten, einzeln durchzugehen. Konzentrieren wir uns also auf die bekanntesten Postulate.

»›Immer mehr‹ ist gleichbedeutend mit ›Immer besser‹.«

Das bereits in der Einleitung erwähnte Wachstum des Bruttoinlandsprodukts wäre somit der Schlüssel zur Lösung der wirtschaftlichen, sozialen und sogar ökologischen Probleme. Sich stolz auf die jährliche Produktion von Waren und Dienstleistungen zu fokussieren und die unermessliche Zerstörung durch das räuberische System, das der Kapitalismus nun einmal ist, zu missachten, ist abwegig. Das Wachstum der Produktivkräfte geht Hand in Hand mit dem Wachstum der entfesselten Zerstörungskräfte. Einen Maßstab anzulegen, der beispielsweise die Produktion von Tomaten mit der von gefährlichen Pestiziden, den Bau von Häusern mit dem von Atombomben gleichsetzt, offenbart die Unfähigkeit dieses Systems, alles Lebendige zu verstehen und zu schützen, und ist völlig absurd. Die Anwendung eines solchen Maßstabs wird die sozialen und ökologischen Probleme, mit denen wir es zu tun haben, nicht lösen können. Weder Wirtschaftswachstum noch Wirtschaftsschrumpfung sind dabei zielführend.

> *»Die Modellierung von als im Gleichgewicht befindlich vorausgesetzten Märkten ist für die Darstellung und das Verständnis der Wirtschaft, der Finanzmärkte sowie gegebenenfalls für die Erstellung von Prognosen zweckmäßig.«*

Die Verwendung eines Schlüsselbegriffs aus der Physik, eben des Gleichgewichts, ermöglicht es den Vertretern der traditionellen Wirtschaft, sich auf einen wissenschaftlichen Ansatz zu berufen und etwaige Kritik hochmütig zurückzuweisen. Es ist allerdings offensichtlich, dass unser Alltag stattdessen von Dauerkrisen und tiefen wirtschaftlichen und sozialen Ungleichgewichten geprägt ist, von denen die Spieler des Finanzkasinos profitieren. Genau diese Art von chaotischen Zuständen gilt es eigentlich zu analysieren.

> *»Die Finanzmärkte sind grundsätzlich neutral, vertreten also nicht die Interessen einer bestimmten Gruppe. Sie kommen sogar dem Gemeinwohl zugute, weil sie Kapital und Risiken nutzbringend denen anvertrauen, die am besten damit umzugehen verstehen. Außerdem*

sind sie von den Gesetzen des Zufalls beherrscht, was die Möglichkeit ausschließt, eventuelle Trends vorherzusehen und davon zu profitieren. Genau dieser Zufall und seine Modellierung sind somit der ausschlaggebende Faktor oder das passende konzeptuelle Instrument, um die hohen Gewinne einiger Akteure und die Verluste vieler anderer auf diesen Märkten zu erklären.«

Wer kann diesen ideologischen Schwachsinn noch glauben? Der Zufall hilft nicht im Geringsten dabei, die tieferliegenden Ursachen dieser Verteilungsmuster zu verstehen – er steht sogar im Widerspruch dazu. Die Mächtigen dieser Welt machen sich den Zufallsbegriff nur zunutze, um eine hierarchische Struktur von glücklichen Gewinnern und unglücklichen Verlierern zu rechtfertigen. Dabei will man vergessen, dass diese Märkte, die in Wirklichkeit der Spieltisch des Finanzkasinos sind, von mächtigen Institutionen massiv manipuliert werden, um die Konzentration des Reichtums in den Händen der Oligarchie zu beschleunigen. Zudem übernehmen die großen internationalen Finanzplätze mithilfe der verschiedenen Finanzmärkte und Plattformen für elektronische Transaktionen eine Rolle als riesige Geldwaschanlage, man spricht auch von den Autobahnen der Geldwäsche. Die für das »Waschen« erforderlichen Arbeitsgänge, die eine Vielzahl von Transaktionen umfassen, erfolgen blitzschnell, diskret und kostengünstig. Die Erlöse aus kriminellen Geschäften, die wieder in den legalen Kreislauf eingespeist werden sollen, sind so gewaltig, dass Transportkoffer dafür schon lange nicht mehr reichen.[20]

»Der Schutz der Natur und die Nachhaltigkeit der Wirtschaft sind durch technologischen Fortschritt, der ein ›grünes‹ Wachstum ermöglicht, sowie durch die Schaffung von Märkten wie dem für Emissionsrechte für CO_2-Äquivalente gewährleistet.«

Das Halten von Rechten zur Zerstörung der Natur oder zu jeglicher Art von Umweltverschmutzung wäre also die Lösung. Der

Vorschlag, diese Verschmutzungen durch den Kauf von Berechtigungen zu kompensieren, wirft uns auf den im Mittelalter von der römisch-katholischen Kirche betriebenen Ablasshandel zurück, als die Menschen die Rettung ihrer Seelen und einen Platz im Himmelreich zu erstehen glaubten. Dem damaligen Handel und den heutigen Märkten ist gemein, dass sie keinerlei Wirkung haben, außer dass sich die Hintermänner schamlos bereichern können.

»Der Kampf gegen die Erderwärmung und den Verlust der Artenvielfalt impliziert keine Infragestellung der etablierten Ordnung und der Lebensweisen mit unverhältnismäßig großem ökologischem Fußabdruck.«

Dieser Kampf kann gar nicht geführt werden, ohne die herrschende soziale Ungerechtigkeit anzugehen. Sie ist gekennzeichnet durch maßlose Ungleichheiten zwischen einer Mehrheit der Weltbevölkerung, die in prekären Verhältnissen oder gar in absoluter Armut lebt, und einer Kaste von Oligarchen, die sich als die Herren der Welt aufspielt, die nach Gutdünken verschmutzt, zerstört und unzählige Reichtümer anhäuft.

»Die sogenannte Marktwirtschaft mit ihrem internationalen Handel ist in letzter Instanz gleichbedeutend mit Demokratie, Frieden und Wohlstand.«

In Wirklichkeit führt die »Marktwirtschaft« zu einer extremen Konzentration von Macht und Ressourcen, zu diktatorischen Regimen und zahlreichen Kriegen.

Die Wirtschaftstheorie und ihr finanzwissenschaftlicher Ableger befinden sich in einem erbärmlichen Zustand, sind sie doch unfähig, sich selbst zu hinterfragen und über ein moribundes System hinauszudenken, welches sie vielmehr zu rechtfertigen und aufrechtzuerhalten versuchen.

Am Ende dieses Kapitels wäre es verlockend, erneut Patrick Süskind zu paraphrasieren, wie er in seinem Roman *Das Parfum*[21] den Gestank beschreibt, den die Menschen im 18. Jahrhundert, insbesondere in Paris, verströmten. Heute sind es weltweit die Institute für Finanzwissenschaft oder die Departments of Finance, die sowohl nach Geld als auch nach Selbstgefälligkeit stinken, und die meisten Wirtschaftsfakultäten, deren Selbstherrlichkeit die Luft verpestet. Die Lehrpläne riechen modrig und die vermittelten Konzepte befinden sich in einem Zustand fortgeschrittener Verwesung.

6 Der Krieg in der Ukraine oder das Undenkbare denken

»Zu Hilfe, ihr Ermordeten!
Steht mir bei, daß ich nicht zwischen Menschen leben muß,
die aus Ehrsucht oder Selbsterhaltungstrieb Befehl gaben,
daß Herzen zu schlagen aufhören und Mütter weiße Haare bekommen!
So wahr ein Gott lebt dies Schicksal wird nur durch ein Wunder heil!
Kehret zurück! Fragt sie, was sie mit euch getan haben!«

Karl Kraus, Die letzten Tage der Menschheit, 1918

Krieg ist ein Wesensmerkmal des Kapitalismus, insbesondere seiner libertären Version. Ein etwaiger Frieden ist nur eine Pause zwischen zwei Konflikten. Zerstörungen aller Art, Bombardements und Massaker an Zivilisten wie die, die unter dem Befehl von Benjamin Netanjahu und seiner Regierung im Gazastreifen erfolgen, sind an der Tageordnung. Staatsterrorismus und terroristische Anschläge gehören zum beunruhigenden aktuellen Kontext.[1] Wie bereits erwähnt, fokussiert sich die traditionelle Wirtschaft unter anderem auf das Bruttoinlandsprodukt und dessen Wachstum, auf die Produktion in einem System, das in Wirklichkeit in großem Stil weit mehr zerstört, als es produziert. Es genügt, die Augen zu öffnen, um das zu verstehen. Der Krieg in der Ukraine ist bezeichnend für die Zerstörung und die unzähligen Menschenopfer, die das gegenwärtige System verlangt.

Lukrative Massaker

Zum Thema bewaffnete Konflikte lässt sich sagen, dass die libertäre Strömung sie überall und jederzeit auf der ganzen Welt nach Belieben austragen können will. Kriege sind für sie zu einer unumgänglichen wirtschaftlichen Notwendigkeit geworden[2], da sich damit schnell enorme Gewinne erzielen lassen. Mit Waffenproduktion und Zerstörung ist viel Geld zu verdienen, und die Massenmedien stehen Gewehr bei Fuß, verbreiten massiv Propaganda und manipulieren die öffentliche Meinung, um Konflikte und die exorbitante Produktion von Massenvernichtungswaffen zu rechtfertigen. Für viele westliche Eliten ist der Ukraine-Krieg längst ein lukratives Geschäft geworden. Sie haben kein Interesse an Frieden, solange die Waffenindustrie weiter Rekordgewinne einfährt.

Ihre Vertreter geben sich kriegerisch, was ihnen umso leichter fällt, als sie selbst Schutzbunker haben. So soll Boris Johnson, damals noch britischer Premierminister, bei seinem Besuch in Kiew den ukrainischen Präsidenten Wolodymyr Selenskyj dazu gedrängt haben, jegliche Verhandlung mit der russischen Regierung einzustellen, und zwar aus zwei Gründen: Man könne mit Wladimir Putin nicht verhandeln, und der Westen sei nicht bereit, den Krieg zu beenden.[3] Dabei hatten sich die russischen und ukrainischen Verhandlungsführer im Vorfeld provisorisch auf einen Entwurf für ein Abkommen geeinigt. Die russische Regierung hätte demnach versprochen, ihre Truppen auf die Positionen zurückzuverlegen, die sie vor dem Beginn der Feindseligkeiten am 23. Februar 2022 gehalten hatten. Im Gegenzug hätte die Ukraine, mangels NATO-Beitritt, von einer Reihe Staaten Garantien bezüglich ihrer Sicherheit und nationalen Integrität erhalten. Aber ganz offensichtlich bringt Kanonenfutter ihnen mehr ein als ein Friedensabkommen. Aus Krieg lässt sich prima Gewinn schlagen.

Der Angriff der russischen Armee und die Folgen auf beiden Seiten – Tote, auseinandergerissene Familien und schreckliches Leid –

sind unerträglich und erschütternd. Zwar haben Konflikte die Welt auch nach 1945 immer wieder heimgesucht, etwa im ehemaligen Jugoslawien vor circa dreißig Jahren, doch abgesehen davon schien Europa relativ verschont zu bleiben. Und nun, seit Februar 2022, ist die Alte Welt, von der zwei Weltkriege ausgingen, erneut mit diesem Schreckgespenst konfrontiert. Das Minsker Abkommen von 2014 war letztlich eine Mogelpackung.[4] Es konnte die zugrunde liegenden Probleme nicht lösen, die sich im Lauf der Zeit zugespitzt und schließlich zu einem umfassenden Konflikt geführt haben.[5]

Wer ist bereit, für den Donbass oder die Krim zu sterben, wer?[6]

Da keine der vorgeblich demokratischen Regierungen sich die Mühe macht, ihre Bürger zu befragen, ob sie bereit wären, sich für den Donbass oder die Krim eventuell zu opfern, sollte sich jeder von uns diese Frage ganz persönlich stellen. Diejenigen, die unter dem Vorwand des einem jeden Land zustehenden Rechts auf Selbstverteidigung auf Krieg drängen, sollten sich gründlich überlegen, welche Folgen dieser Konflikt für sie selbst, ihre Familien und ihr privates Umfeld haben könnte. Und wer dagegen ist, für wen das Recht auf Respekt und Leben vorgeht, sollte sich Gehör verschaffen.

Ohne dass es vorher dazu irgendeine demokratische Aussprache gegeben hätte, befinden wir uns jetzt alle auf einem gefährlichen, ja apokalyptischen Kurs. Ein paar Dutzend Einzelpersonen, finstere Minister, Generäle, Waffenproduzenten und Finanziers, stecken ihre Köpfe hinter verschlossenen Türen in Ramstein, Davos oder anderswo zusammen und beschließen, auf Wladimir Putins Reaktion auf die kürzlich beschlossenen Lieferungen von Kampfpanzern oder Langstreckenraketen an die Ukraine zu wetten, wobei der

Einsatz das Leben von Millionen, ja Milliarden Menschen ist. Einige Journalisten und Kommentatoren behaupten, dass er rational agieren werde, andere (manchmal die gleichen, bloß zu einem späteren Zeitpunkt), dass seine Reaktion nur schwer vorhersehbar sei.

Politische »Verantwortungsträger« wie Emmanuel Macron betonen, dass die Lieferung von schweren Waffen ihr Land nicht zur Kriegspartei mache. Er sagte dann im März 2024 noch, es gebe »kein Limit, keine rote Linie« bei der französischen Unterstützung für die Ukraine gegen Russland. Auf alle Fälle kennt *er* keinerlei Limit oder rote Linie, wenn es um Verblendung und Absurditäten geht. Andere Politiker führen aus, dass sie sich de facto bereits im Krieg gegen Russland befänden. So hielt es die Grünenpolitikerin und ehemalige deutsche Außenministerin Annalena Baerbock am 24. Januar 2023 für angebracht, im Europarat im Rahmen einer Fragerunde zu sagen: »Wir führen einen Krieg gegen Russland [...].«[7]

Der ehemalige Bundeskanzler Scholz wiederum erklärte bei dieser Gelegenheit angesichts der Lieferung von Leopard-2-Panzern und generell von schweren Waffensystemen an die Ukraine, dass niemand genau sagen könne, was eine gute oder schlechte Entscheidung darstelle. Kurzum, es herrscht heilloses Durcheinander.

Wenn aber diejenigen, die hier mit dem Leben ihrer Bevölkerung Poker spielen, gar keinen Durchblick haben, sollten sie besser davon absehen, solch schwerwiegende Entscheidungen zu treffen. Sie befeuern dadurch nur das Kriegsgeschehen, erst recht angesichts der Tatsache, dass die genannten Panzer mit panzerbrechenden Langstreckengeschossen mit Sprengköpfen aus abgereichertem Uran bestückt werden können. Sollten diese verwendet werden, käme das in den Augen Russlands dem Einsatz von schmutzigen Atombomben gleich. Selbst wenn solche Geschosse nicht von der NATO geliefert würden, kann die ukrainische Regierung sie sich auf dem Schwarzmarkt beschaffen und auf Kommandozentralen oder Ortschaften auf russischem Staatsgebiet abfeuern.

Ist denn den Führenden in der westlichen Welt ihr gesunder Menschenverstand gänzlich abhandengekommen? Oder bleibt ihnen noch ein Quäntchen Verstand, um zu begreifen, wie verantwortungslos ihre Entscheidungen sind? Oft sind sie Ideologen, die die Erinnerung an das vom Zweiten Weltkrieg bewirkte Leid nicht weiter tangiert. Sie haben Zugang zu geräumigen Atomschutzbunkern und halten es ganz offensichtlich nicht für angebracht, die Gefahren und Leiden des aktuellen Konflikts, insbesondere für die vor Ort verbliebenen Ukrainer, zu berücksichtigen. In ihren Augen bieten sich hier Chancen strategischer und finanzieller Art – Frieden steht deshalb nicht auf ihrer Tagesordnung. Die Tatsache, dass in der Schweiz, in Deutschland und auch den meisten anderen betroffenen Ländern die Bevölkerungsschutzbehörden keinerlei Angaben zu den Standorten von angemessen ausgestatteten Schutzbunkern machen, stimmt höchst bedenklich. Das ist eindeutig die geringste ihrer Sorgen.

Für eine Handvoll Panzer mehr

Und da wir gerade bei der Lieferung von Leopard-2-Panzern sind: Hier suchte 2023 jede Regierung die anderen zu überbieten. Zunächst sagten Dänemark, die baltischen Staaten und Spanien zu, einige Exemplare zu liefern, dann zogen Deutschland und Polen mit je vierzehn nach. Wer bietet mehr bei dieser internationalen, von der NATO orchestrierten Versteigerung? Die Gesamtmenge wird sich bis zum Sommer 2025 voraussichtlich auf circa 80 Einheiten belaufen. Die nächste Etappe war dann die Vorbereitung der öffentlichen Meinung auf die Lieferung von Kampfjets, zu der es seitdem ja auch kam, und grünes Licht für Angriffe tief in Russland. Jeder zusätzliche Panzer, jedes weitere Kampfflugzeug, jede zusätzliche Rakete verlängert das Sterben der Menschen in Ukraine und Russland. Doch in den Chefetagen der Waffenindustrie knallen die Champagnerkorken.

Wie ist es denn um die Legitimität von Regierungen bestellt, die solche folgenschweren Entschlüsse ohne jegliche demokratische Konsultation fassen und dabei ihrer Bevölkerung nicht einmal einen minimalen Schutz garantieren können? Wie bereits im ersten Kapitel gezeigt, handelt es sich hier um einen Bruch des Gesellschaftsvertrags, der im Übrigen schon vor Langem vollzogen wurde. Das heutzutage wütende räuberische System behandelt die einfachen Menschen als Produktions- und Konsumfaktoren, die im Krieg als Zerstörungsfaktoren herhalten müssen und unter Umständen selbst zerstört werden. Durch die extreme Kommodifizierung der zwischenmenschlichen Beziehungen und durch die permanente Konkurrenzsituation, der die Menschen ausgesetzt sind, gebiert dieses System ständig Konflikte, Leid und Chaos. Es steht in ethischer, gesellschaftlicher und wirtschaftlicher Hinsicht vor dem Aus. Es ist höchste Zeit, ein neues Kapitel aufzuschlagen, bevor es uns in seinem Zusammenbruch mitreißt. Um es mit den Worten von Jean Jaurès in einer Rede am 7. März 1895 vor der französischen Abgeordnetenkammer zu sagen: »Der Kapitalismus birgt in sich den Krieg wie die Wolke das Gewitter.«

Nur allzu selten stoßen diese kriegstreiberischen Tendenzen auf offene Ablehnung. Prekarität und Dauerberieselung durch die Medien machen die Menschen gefügig und teilnahmslos. In letzter Zeit hat eine ständige Flut völlig unerheblicher Nachrichten – irgendwelche Sportereignisse, die Enthüllungen über irgendwelche B-Promis, der Tod irgendeines Hollywood-Sternchens, die frühen Memoiren irgendeiner Staatschefin oder die Berichte über andere wie Maden im Speck lebende Parasiten – die Aufmerksamkeit abgelenkt und mit zur allgemeinen Gehirnwäsche beigetragen.

Auch martialische Propaganda wird über alle nur denkbaren Medienkanäle gestreut. Wie kann man es auch nur einen Augenblick lang für gerechtfertigt halten, die Existenz ganzer Völker aufs Spiel zu setzen, für einen ukrainischen oder russischen Donbass? Der sogenannte gerechte Krieg ist nur ein Krieg und nichts anderes als das, ein unerträglicher Konflikt[8], der enorme Gefahren für die Menschheit birgt. Wer auf beiden Seiten der Front dagegen aufstehen und für das Leben eintreten will, sollte seine Stimme erheben, Demos und Streiks insbesondere bei den waffenproduzierenden und -transportierenden Unternehmen organisieren und sich gegebenenfalls weigern, zu kämpfen, sprich desertieren. Mit der Herde in Richtung Schlachthof mitzulaufen, ist keine Option.

Die Welt blickt in den Abgrund

Die von Wladimir Putin seit 2022 und insbesondere im November 2024 vorgebrachten nuklearen Drohungen betreffen uns alle. Die Welt blickt in den Abgrund, und wir sind dementsprechend gezwungen, das Undenkbare zu denken und dann das Unsagbare zu artikulieren – einfach das in Betracht zu ziehen, was von vornherein von jedem Menschen, der nicht verrückt ist, ausgeschlossen werden sollte: nämlich einen Atomkrieg, der praktisch alles Leben auf der Erde auslöschen würde. Bei diesem Gedanken durchdringt uns innerlich ein regelrechter Schrei des Entsetzens und erschüttert uns in unseren Grundfesten. Diese Bedrohungen auf die leichte Schulter zu nehmen, ist unverantwortlich und gefährlich. Das hier ist kein Videospiel, sondern es geht um die Zukunft der Menschheit.

Die Anspannung war übrigens ab Februar 2022 spürbar. Während uns die Medien mit Berichten über Nicht-Ereignisse abfüllten, wurden die lagebezogenen Risiken und die Provokationen seitens der kriegsführenden Parteien nicht wirklich analysiert. Die Bevölkerung nicht informieren, sie ablenken, damit keine Zeit zum Reagieren bleibt, bevor sie auf dem Altar eines möglichen Weltkriegs geopfert wird, dafür sorgen, dass sie sich dem westlichen Lager zuschlägt, welches nicht weniger zerstörerisch ist als das östliche, Verwirrung stiften – all das sind kurz gesagt in diesem Zusammenhang die Kommunikationsziele der Machthaber.

Die USA starten regelmäßig Interkontinentalraketen, um, wie es in ihrer Propaganda heißt, »die Bereitschaft der Atomstreitkräfte zu belegen«. Da sind wir aber beruhigt! Laut einer Mitteilung der US-Luftwaffe, die in den Medien kaum Beachtung fand, wurde etwa am 7. September 2022 um 1.13 Uhr Ortszeit eine unbewaffnete ballistische Interkontinentalrakete vom Typ Minuteman III aus einem Silo auf dem Luftwaffenstützpunkt Vandenberg Space Force Base in Kalifornien abgefeuert, flog rund 6760 Kilometer über den Pazifik und stürzte bei den Marshallinseln ins Meer. Ein Jahr später, nämlich am 6. September 2023 um 1.26 Uhr, wurde von demselben Stützpunkt eine ähnliche Rakete mit einer Reichweite von etwa 13000 Kilometern gestartet. Seit 1944, als Nazi-Deutschland seine V2-Raketen mit einer Reichweite von 300 Kilometern und einer Sprengladung von 800 Kilogramm auf England und Belgien abfeuerte, ist der Weltraum zum Nutzen der Tötungsindustrie immer weiter militarisiert worden. Sobald die Reichweite dieser verhängnisvollen Flugkörper 40000 Kilometer beträgt, werden sie sogar in der Lage sein, nach einer Weltumrundung wieder den Stützpunkt zu erreichen, von dem aus sie gestartet wurden. Der Fortschritt lässt sich nicht aufhalten ... Die von einem Silo aus startbaren nuklearen Sprengköpfe haben eine kolossale Zerstörungskraft, die noch weitaus größer ist als die von luftgestützten Raketen.

Am 16. August 2022 wurde ein ähnlicher Test durchgeführt, kurz nachdem der Besuch der Sprecherin des US-Repräsentantenhauses Nancy Pelosi in Taiwan die chinesisch-amerikanischen Beziehungen weiter angeheizt hatte. Einige Tage nach diesem Besuch, am 11. August, gab das North American Aerospace Defense Command (NORAD) bekannt, dass man drei russische Überwachungsflugzeuge geortet habe, die in den drei vorangegangenen Tagen in der Alaskan Air Defense Identification Zone (ADIZ) operiert hätten. Die Flugzeuge seien nicht nur in den internationalen Luftraum eingedrungen, sondern hätten auch Alaska und Kanada überflogen. Waren sie Träger von Kernwaffen? Anscheinend nein, aber ausgeschlossen ist es nicht. Sie wurden durch bewaffnete kanadische und amerikanische Kampfflugzeuge wieder aus den nationalen Luftraumzonen hinaus eskortiert. Am 11. September 2022 drangen zwei Aufklärungsflugzeuge in diese Zone nahe Alaska ein – eine Geste der russischen Regierung, um den Jahrestag der Terroranschläge vom 11. September 2001 auf ihre ganz eigene Art und Weise zu begehen – auch sie wurden wieder hinausbegleitet.[9] Generell ist die Situation in Bezug auf das Eindringen in den jeweils anderen Luftraum mit der des Kalten Kriegs vergleichbar.

Diese Spannungen zwischen den Supermächten haben die USA dazu veranlasst, die Alarmstufe beziehungsweise die Bereitschaft ihrer Streitkräfte für einen Atomkrieg heraufzusetzen. Vor dem Ukrainekrieg stand sie auf einer fünfstufigen Skala auf 4, Ende 2022 auf 2. Im Jahresverlauf 2023 wurde sie wieder leicht angehoben, was wahrscheinlich auf den schlechten Zustand vieler Raketensilos in Russland zurückzuführen ist, welcher tendenziell die Zuverlässigkeit und Einsatzfähigkeit im Hinblick auf den Start ballistischer Interkontinentalraketen infrage stellte. Für Europa lag sie Ende 2024 auf 2. Erklärung: Die Stufe 5 entspricht einer normalen Bereitschaft in Friedenszeiten und die Stufe 1 einer maximalen Bereitschaft der Streitkräfte und damit einem Quasi-Kriegszustand.

Wie konnte es nur zu einer Gesellschaft kommen, die sich auf dem Höhepunkt ihrer produktiven und destruktiven Fähigkeiten befindet und deren Mitglieder Gefahr laufen, von einer Maschine, deren Zahnrädchen sie sind, letztlich zermalmt zu werden? Zu einem räuberischen System, das alles Lebendige großumfänglich attackiert und es gleichzeitig für sein tägliches (Fehl-)Funktionieren nutzt? Zu einem System, das so stolz auf seine Technologien wie etwa die künstliche Intelligenz ist und zugleich durch seine tragische geistige Armut, wenn nicht sogar seinen mörderischen und megalomanen Wahnsinn brilliert?

Völker in Geiselhaft von extremistischen Politikern

Welche Zukunft hat eine »Zivilisation«, deren Überleben von einem von Natur aus und klar ersichtlich instabilen Gleichgewicht des Schreckens abhängt sowie vom Goodwill einer Kaste mit der Macht, per Knopfdruck allem ein Ende zu bereiten – wobei nur zu hoffen bleibt, dass es zu keiner falschen Lageeinschätzung oder einem Missverständnis kommt? Uns weiszumachen, dass die zündelnden Feuerwehrleute und Kriegstreiber nur in Moskau zu finden sind, ist irreführend. Brunnenvergifter und Totengräber gibt es in zahlreichen Ländern.

Die Fabrikanten von Massenvernichtungswaffen rekrutieren weltweit Wissenschaftler, um ihren Geschäften nachzugehen, und werden von Großbanken finanziert, die sich verantwortungsbewusst geben. Erwähnenswert ist auch, dass die gewaltigen Rüstungsausgaben der USA teilweise durch andere Länder finanziert werden, nämlich durch all diejenigen, deren Zentralbanken Reserven in Dollar halten, welche somit in amerikanische Staatsanleihen investiert sind. Der Zynismus ist grenzenlos.

Die Atombomben der NATO sind nicht weniger apokalyptisch als die Russlands. In einem Nuklearkonflikt gäbe es nur Verlierer. Doch die nationalistische Propaganda hat auf beiden Seiten des Feuervorhangs bereits begonnen, um die Gemüter zu mobilisieren und die Bevölkerung auf bevorstehende Opfer einzuschwören. Die befindet sich in Geiselhaft von immer extremistischeren Politikern, die einer Logik des Konflikts verhaftet sind, statt den Frieden zu suchen. Diejenigen, die am ehesten ein Opfer zu werden drohen, also ebendiese Bevölkerung, werden nicht gefragt. Diejenigen, die in diesen Fragen entscheiden, können sich im Fall von ernsthaften Problemen »mutig« verschanzen und die einfachen Leute aufs Schlachtfeld schicken. Der in Kapitel 3 bereits zitierte Ausspruch des britischen Premierministers im Ersten Weltkrieg ist nicht mehr aktuell: »Man hat das Gefühl, dass Poincaré und Sasonow sich gesagt haben: Es geht nicht darum, den Krieg zu verhindern, sondern darum, dass es so wirkt, als hätten wir alles getan, um ihn zu verhindern.« Die meisten Politiker geben sich derzeit nicht einmal mehr Mühe, so zu tun als ob. Sie machen sich ganz offen für den Krieg stark, gebären sich martialisch – und sind dabei so gefährlich wie lächerlich.

Das Desaster dieses Kriegs wurde bereits von Roger Martin du Gard in seinem Buch *Les Thibault* so kommentiert: »Nie zuvor haben die Kräfte der Macht den Gemütern eine so absolute Abdankung auferlegt.« Oder auch »Nie zuvor hat die Menschheit eine derartige Betörung, eine derartige Verblendung der Intelligenz erlebt.«

Heerscharen von dienstbeflissenen Lakaien sind emsig damit beschäftigt, ein korruptes, krepierendes System am Laufen zu halten, welches die Lüge im Namen der Wahrheit fördert, welches im Namen der Freiheit die Knechtschaft gestaltet und uns womöglich im Namen des Lebens den Tod auferlegt.

Schon in seinem 1918 veröffentlichten Drama *Die letzten Tage der Menschheit* spielte Karl Kraus auf »diese Jahre, in denen Operettenfiguren die Tragödie der Menschheit gespielt haben« an. Über ein Jahrhundert später ist diese Sentenz unvermindert aktuell, wenn man sich die vielen Politiker anschaut, die von den Ereignissen, die sie mitherbeigeführt haben, völlig überfordert sind. Die falschliegenden Vordenker führen das Zepter und setzen, Verwirrung stiftend, ihr Unwesen auch heute noch fort. Sie behaupten, die Ausweitung der sogenannten Marktwirtschaft, insbesondere durch die Globalisierung, das Wachstum des internationalen Handels sowie die Schaffung neuer Märkte, sichere den Frieden.

Die Geschichte beweist das Gegenteil. Der Erste Weltkrieg brach aus, als die Wirtschaft ihre erste Globalisierungsphase durchlief. Seit dem Ende des Kalten Kriegs sind immer mehr Freihandelsabkommen unterzeichnet worden, und der weltweite Handel – auch der mit Waffen und Angst – ist stark gewachsen. Doch Frieden hat sich eindeutig nicht eingestellt. Und wie steht es um die gegen Russland verhängten und hauptsächlich durch die Bevölkerung nicht nur in diesem Land zu ertragenden Wirtschaftssanktionen – inwieweit schwächen sie wirklich das dortige Regime? Was bedeutet die Isolierung eines Landes dieser Größe, aus dem Europa massiv Energie bezog und das jetzt seinen Handel mit China ausweitet? Diese Fragen sind den westlichen Politikern und Medien offensichtlich nicht in den Sinn gekommen.

Das Risiko einzugehen, dass die Spezies Mensch auf dem Altar der Nation und für fremde Interessen geopfert wird, ist kriminell. Die zweihundert Millionen Kriegsopfer seit 1914 und ihre Familien fordern Rechenschaft. Um es noch einmal mit Karl Kraus zu sagen:

> *»Zu Hilfe, ihr Ermordeten! Steht mir bei, daß ich nicht zwischen Menschen leben muß, die aus Ehrsucht oder Selbsterhaltungstrieb Befehl gaben, daß Herzen zu schlagen aufhören und Mütter weiße Haare bekommen! So wahr ein Gott lebt – dies Schicksal wird nur durch ein Wunder heil! Kehret zurück! Fragt sie, was sie mit euch getan haben! Was sie getan haben, als ihr durch sie littet, bevor ihr durch sie starbt! […] Wehrhafte Leichname, Protagonisten Habsburgischen Todlebens, schließt eure Reihen und erscheint ihnen im Schlaf! Erwacht aus dieser Erstattung! Tretet vor! Tritt hervor, du lieber Bekenner des Geistes und verlange deinen teuren Kopf von ihnen! […] Tritt vor, ihnen zu sagen, wo du bist und wie es dort ist, und daß du dich nie mehr dazu gebrauchen lassen wolltest!«*[10]

Beendigung der Finanzierung von Massenvernichtungswaffen

Damit das Undenkbare nie geschehe, damit die atomaren und biologischen Waffen niemals zum Einsatz kommen, sind es sich die Wissenschaftler, die zu ihrer Entwicklung und ihrer eventuellen Aktivierung beitragen, schuldig, alle Tätigkeiten in diesem Bereich einzustellen. Dafür stehen sie gegenüber der gesamten Menschheit in der moralischen Verantwortung.[11]

Große Finanzinstitute, unter anderem aus der Schweiz, die in die Produktion von Massenvernichtungswaffen investieren, müssen identifiziert werden und diese kriminellen Aktivitäten stoppen. Ferner ist auch die Lieferung von schweren Waffen so unverantwortlich wie verheerend und muss sofort gestoppt werden. Die Kriegswirtschaft, die von den meisten Regierungen vorangetrieben wird, muss bekämpft werden, solange es noch möglich ist. Sie schafft keinen Wohlstand, wie von Emmanuel Macron behauptet[12], sondern zielt darauf ab, Zerstörung, Elend und in letzter Konsequenz den Tod zu produzieren.

Schnell agieren, Leben unterstützen und retten

»Man darf sich nicht ducken!
Man muss sich wehren!«

Hannah Arendt, 1964

Spätestens nach Lektüre dieses Buchs sollte klar sein, dass für alle lebenswichtigen Bereiche die Warnleuchten rot blinken: Klimawandel, Verlust der Artenvielfalt, Umweltverschmutzung im großen Stil, unerträgliche soziale Ungerechtigkeiten, Verblendung einer zynischen, extremistischen Oligarchie, ständige Kriege und die Gefahr eines neuen Weltkriegs. Die Liste ist erschreckend. Der Kapitalismus liegt in den letzten Zügen und reißt uns in seinem Absturz mit. Setzt diese wildgewordene Maschine ihren Kurs ungebremst fort, wird sie eines Tages stoppen müssen, schon allein, weil ihr der menschliche Treibstoff ausgeht.

Sie wird implodieren, sobald sie das Leben auf der Erde unumkehrbar und unwiederbringlich kommerzialisiert und zerstört haben wird. Oder anders gesagt, wird der Amoklauf dieses Wirtschaftssystems durch das Erreichen eines der folgenden Schwellenwerte ein Ende finden: sobald die Luftverschmutzung zu schlimm ist, um richtig atmen zu können[1], sobald das Wasser oder die Luft so verseucht sind, dass sich kein Leben mehr entfalten kann[2], sobald die Hitze und die Trockenheit so unerträglich sind, dass sie die Gesundheit und das Arbeitsleben[3] nachhaltig schädigen und die landwirtschaftliche Produktion erheblich beeinträchtigen[4] oder sobald der Verlust an Biodiversität zu wiederholten Pandemien führt.[5]

Der Kapitalismus zeichnet verantwortlich für die tiefgreifenden, schmerzlichen Eingriffe, die wir der Natur zumuten. Wir haben es mit einem neuen Erdzeitalter, dem Kapitalozän zu tun. Es unterscheidet sich vom Konzept des Anthropozäns insofern, als dieses dem Menschen »und nicht dem Wirtschaftssystem, in dem er agiert«[6] die Schuld für den Raubbau an der Natur zuweist: »Klimawandel, Umweltverschmutzung auf einem nie dagewesenen Niveau, Störung des Wasserkreislaufs, Entwaldung, Rückgang der Artenvielfalt, Versauerung der Meere et cetera.«[7] Gemäß diesem Konzept befinden wir uns in einem »Erdzeitalter oder einer Epoche der Geschichte, wo der Einfluss des Menschen auf die Biosphäre so dominant geworden ist, dass er den ausschlaggebenden Faktor darstellt.«[8]

Was in dieser Sicht der Dinge fehlt, ist die Einbeziehung des Kontexts, also des räuberischen Wirtschaftssystems, in dem sich der Mensch bewegt, in welchem er durch lohnabhängige Arbeit seine Bedürfnisse zu befriedigen sucht und dabei dazu gebracht wird, die Natur zu verschmutzen und zu zerstören. In diesem System aus Produktion, Tausch und Zerstörung wird die Natur als Ware angesehen, als unerschöpfliche Ressource, die man skrupellos ausbeuten kann. Es ist das System, der Kapitalismus, der den Menschen zu seinem selbstmörderischen und paradoxen Verhalten bringt: Um zu überleben, muss er die Natur, deren Bestandteil er doch ist, zerstören. Gerade in dieser Hinsicht ist der Kapitalismus weit davon entfernt, eine »natürliche Organisationsform der Gesellschaft« zu sein. Vielmehr ist er im Lauf der Zeit höchst toxisch geworden.

Um dieses Phänomen zu erläutern, ist nicht »der Mensch« als Abstraktum die passende Bezugsgröße, sondern vielmehr seine Beziehung zu seinen Mitmenschen und zur Natur im Allgemeinen. Wenn man zur Charakterisierung der heutigen Zeit das Anthropozän statt des Kapitalozäns heranzieht, ist das ungefähr so, als wollte man die Gezeiten durch vorgeblich intrinsische Eigenschaften der Meere erklären und dabei die Wirkung der Mondbahn völlig außer Acht lassen.

Die Zuspitzung der bewaffneten Konflikte insbesondere in Europa kann ebenfalls zur Überschreitung eines Schwellenwerts führen und dadurch das Überleben unserer Art gefährden. Eine vorrangig auf die Produktion von Massenvernichtungswaffen ausgerichtete Kriegswirtschaft wird die einfachen Menschen, die den Kriegen entkommen konnten, immer weiter in Armut stürzen.

Noch ist es Zeit zu reagieren, die Dampfwalze, die uns zu überrollen droht, aufzuhalten und den heutigen und künftigen Generationen andere Perspektiven zu bieten als den nuklearen Winter oder die Erderwärmung, um nur zwei Beispiele zu nennen. Durch Letztere wird Arbeit unter freiem Himmel im Sommer unerträglich. Es kommt zunehmend zu chronischem Nierenversagen, weil das Produktionstempo mit langen Hitzeperioden unvereinbar ist. Extreme Beanspruchung und Unfälle mehren sich in zahlreichen Wirtschaftsbereichen: die Zuckerrohrernte in Lateinamerika, die riesigen Textilfabriken in Indien, wo viele Näherinnen es nicht mehr schaffen, schnell genug zu arbeiten, um ihre mageren zwei bis drei Euro pro Tag zu verdienen, die Baustellen in den Golfstaaten, wo ausländische Arbeitnehmer, unter anderem aus Nepal, geopfert werden, die Lieferdienste in den Vereinigten Staaten oder anderswo, deren ohnehin schon katastrophalen Arbeitsbedingungen sich durch die Hitze noch weiter verschlechtern.[9] De facto wird der Arbeitnehmer als Ressource zum Wegwerfen angesehen und ist jederzeit durch einen Leidensgenossen oder, wenn die Technologie es erlaubt, durch einen Roboter ersetzbar.

Die meisten politischen Führungskräfte haben längst begriffen, dass die ergriffenen oder geplanten Schritte beziehungsweise vielmehr Schrittchen zur Senkung der Treibhausgasemissionen im Angesicht der Problemlage alles andere als ausreichend sind. Sie wissen ganz genau, dass es die ärmsten Schichten sind, die den Folgen der Erderwärmung am unmittelbarsten ausgesetzt sind, die schon heute daran sterben und ihnen in Zukunft massenhaft zum Opfer fallen werden. Dass durch den Klimawandel das Lumpengesindel, das ja eventuell aufbegehren und gegen seine Lage gewaltsam protestieren könnte, zahlenmäßig zusammenschrumpft, ist für die herrschende Kaste eine erfreuliche Perspektive. Und sollte die Weltbevölkerung zurückgehen, könnte ebendiese Kaste sich noch mit der daraus resultierenden Begrenzung des Treibhausgasausstoßes brüsten ...

Im Zeitalter von künstlicher Intelligenz haben immer mehr arme Menschen ohne besondere Ausbildung nur zwei Beschäftigungsoptionen: Entweder sie nehmen prekäre und schlecht bezahlte Stellen im informellen Sektor an, wie sie etwa Uber bietet, oder sie werden kriminell.[10] Tatsächlich finden sie heute nur sehr begrenzt ihren Platz in der formellen kapitalistischen Wirtschaft und haben das häufig schon begriffen, wie es die wiederholten Aufstände unter anderem in den französischen Vorstädten zeigen.

Das Programm der derzeitigen Machthaber sieht vor, das Überflüssige und das »Ungeziefer« loszuwerden, wie sie es auch mit Mücken und anderen Insekten tun. Diese Situation und diese Menschenverachtung sind unerträglich. Besser wäre es, dem unvermeidlichen Stillstand des jetzigen Wirtschaftssystems vorzubeugen, diese außer Kontrolle geratene Maschine zu stoppen, die die Menschen und allgemein die Natur zermalmt, die die Normalsterblichen in einen grausamen Wettbewerb und einen Wettlauf ohne Ende zwingt. Wie Fabio Merlini es ausdrückt: »Die ›Maschine‹ dreht sich unfassbar schnell, doch in diesem Strudel, dem unser Alltag wie einem unvermeidlichen Schicksal untergeordnet ist, haben wir Mühe, eine Position zu finden, die unserm Handeln Sinn verleiht.«[11]

In diesem Kontext hält man besser inne, um zu überlegen, wohin man gehen und was man hinter sich lassen will. Wer sich die

Zeit zum Nachdenken nimmt, kommt zu dem Schluss, dass in einer menschenwürdigen Gesellschaft und in einer wahrhaften, gut organisierten Wirtschaft der technologische Fortschritt nicht zu einem sozialen Rückschritt mit der Ausgrenzung von immer mehr Menschen führen darf. Er muss es ganz im Gegenteil möglich machen, die produktive Arbeitszeit erheblich zu verkürzen – als Voraussetzung für eine freie Entfaltung des Menschen. Es gilt zu begreifen, dass die schweren Krisen von Klima, Gesellschaft und Wirtschaft nicht auf Irrtümer der Regierungen oder Konzerne zurückzuführen sind. Vielmehr sind es permanente Krisen[12], untrennbar verbunden mit einem System, das vor dem Aus steht und den Wohlstand sowie die Mindestvoraussetzungen für das Überleben der Menschheit nicht mehr zu gewährleisten in der Lage ist.

Wichtig ist zu verstehen, dass der Staat die Immunabwehr derjenigen, die er als seine Bürger bezeichnet, schwächt oder sogar zerstört. Er beraubt sie ihrer Schutzmechanismen und lässt ihnen keine Möglichkeit mehr, sich ausreichend zu verteidigen. Wir müssen kapieren, dass es die Staaten sind – ganz gleich, ob im Osten, Westen, Norden, Süden, ob rechts- oder linksgerichtet – die mit Gewalt ein todkrankes Wirtschaftssystem aufrechterhalten.[13] Wir müssen einsehen, dass dieses erdrückende, überholte, im Zustand fortgeschrittener Verwesung befindliche System im Grunde ein Ancien Régime ist, dessen man sich entledigen muss, bevor es uns alle endgültig in seinem Absturz mitreißt. Wir müssen die Dynamik verstehen, mit der es sich überwinden lässt. Wir müssen uns vorstellen, wie eine wahrhafte Gesellschaft aussehen könnte – ein System, in dem der Mensch und die Natur, deren Bestandteil er ist, nicht länger kommerzialisiert werden und wo folglich die Sklaverei der Lohnarbeit abgeschafft ist. Wir müssen erkennen, dass dieses Vorhaben so lebensnotwendig wie machbar ist, dass dieses Ziel erreichbar ist, obwohl es von einer gewalttätigen, auf ihre Vorherrschaft bedachten Oligarchie totgeschwiegen wird. Wir müssen uns klarmachen, dass die Zerstörung der Natur nicht ohne eine

Lösung der sozialen Frage gestoppt werden kann, wobei der brutalen Ausbeutung des Menschen durch diese Oligarchie und der sich daraus ergebenden Einteilung der Menschheit in verschiedene soziale Klassen und alle möglichen Arten von Kasten ein Ende bereitet werden muss. Letztlich müssen wir also »das Zusammenleben gestalten« und den »zivilgesellschaftlichen Zusammenhalt«[14] fördern, um Louis Antoine Léon de Saint-Just oder auch die sich auf ihn berufende Sophie Wahnich zu zitieren.

Diese Überlegungen führen zum Schluss, dass die Tätigkeiten in den Schlüsselbereichen dieses Systems eingestellt werden müssten.

- Sich weigern, in den Krieg zu ziehen: Ohne Kanonenfutter ist er schwerer zu führen.
- Die Produktion und Stationierung von Massenvernichtungswaffen beenden. Hierbei könnten viele Physiker und Informatiker eine wesentliche Rolle spielen.
- Die ohne digitale Unterstützung kaum existenzfähige Finanzkasinowirtschaft lahmlegen: Es wäre ein entscheidender Durchbruch, wenn die Transaktionen auf den Finanzmärkten blockiert und die digitalen Spuren der bereits erfolgten Transaktionen gelöscht würden. Die an Schulden und komplexe Finanzprodukte wie Derivate gebundenen Verträge werden ja meistens online validiert. Es ist von essenzieller Bedeutung, ihren Einfluss auf die Welt zu zerschlagen.
- Gegen die Budgetkürzungen in den Bereichen Bildung, Gesundheit, Personennahverkehr, Rente, Arbeitslosenversicherung et cetera aufbegehren.
- Die Staatsverschuldung nicht anerkennen, insbesondere wenn sie der Kriegsfinanzierung dient.
- Mit der Herstellung und dem Transport von Pestiziden aufhören, um die Vernichtung der Natur zu verhindern.
- An den Flughäfen Flüge nur im Ausnahmefall genehmigen, um die CO_2-Emissionen dieses Sektors drastisch zu senken.

- Die Produktion und Nutzung von Luxusgütern stoppen, vor allem wenn sie zum Ausstoß von Unmengen an Treibhausgasen beitragen, wie hochmotorisierte Autos, Privatflugzeuge und Superjachten, mit denen sich Menschen mit aufgeblasenem Ego und Aufschneider aller Art schmücken. Ihnen diese lächerlichen Luxusspielsachen einfach wegnehmen.
- Die Produktion sozialisieren. Und, um noch einmal Sophie Wahnich zu zitieren, unsere Isolation durchbrechen, um »die Dinge gemeinsam zu denken, damit eine revolutionäre Schwarmintelligenz entsteht«,[15] die der Geschichte eine neue Wendung verleihen könnte.

Kurz gesagt: Es gilt, die toxischen Tätigkeiten sowie die Vermarktung und Vernichtung allen Lebens zu stoppen. Ziel muss es sein, das Leben zu schützen und zu unterstützen und das Gefühl der Ohnmacht[16] zurückzudrängen, das uns im Angesicht der vergangenen, aktuellen oder – wenn weiterhin nichts geschieht – künftigen Katastrophen befällt.

Dieses System ist nicht reformierbar. Es muss entmachtet, delegitimiert und überwunden werden. Sonst bleibt uns nur, seinem Untergang zuzuschauen – aber diesmal gehen wir alle mit unter.

Danksagung

Zum Abschluss der Arbeit an diesem Buch möchte ich mich bei Imme für ihre hervorragende Übersetzung ins Deutsche bedanken.

Meine Gedanken gelten auch den Meinen, insbesondere meiner Lebensgefährtin Claudia. Die zahlreichen wertvollen Diskussionen mit ihr weiß ich sehr zu schätzen.

Auch meinen Eltern bin ich zutiefst dankbar. Ihre Persönlichkeit, ihre Courage und ihr Wissensschatz haben mein Schreiben inspiriert. Ihrem Gedenken sei dieses Buch von Herzen gewidmet.

Anmerkungen

Das Maß ist voll

1 Vor allem die Wirbeltierbestände sollen in den vergangenen fünfzig Jahren um 70 Prozent geschrumpft und die Zahl der Insekten massiv zurückgegangen sein. Vgl. *Für einen lebendigen Planeten: Der »Living Planet Report«*, WWF, Oktober 2022. Vgl. Jean-Baptiste Veyrieras: »Déclin des insectes. l'urgence d'agir«, *CNRS – Le Journal*, 26. Januar 2021, worin der Gast des Autors, Philippe Grandcolas, Direktor des Institut de systématique, évolution, biodiversité, die schwerwiegenden Folgen von Pestizideinsatz und Entwaldung beleuchtet.

2 Vgl. Jérôme Fourquet, Catherine Cusset und Christophe Boltanski, »Quand Internet bétonne la France«, *Zadig* 14, 8. Juni 2022.

3 Die Nutzung des Bitcoins erzeugt einen jährlichen Treibhausgasausstoß von circa 98 Megatonnen. Vgl. »Bitcoin Energy Consumption Index«, *Digiconomist*, 2025, sowie Nuri C. Onat u.a., »Carbon footprint of global Bitcoin mining: emissions beyond borders«, *Sustainability Science* 20, 2025, S. 173–189.

4 In den Vereinigten Staaten beispielsweise ist zwischen 1990 und 2022 das Durchschnittsgewicht von Neuwagen um 26 Prozent gestiegen und 2021 stellten hochmotorisierte Wagen (SUV, Vans) 63 Prozent der Autokäufe dar. Die Anzahl der jeweils transportierten Personen, die schon 1977 niedrig war, ist seitdem noch weiter gesunken und belief sich 2019 auf 1,5 Personen. Vgl. *Personal Transportation Factsheet*, Center for Sustainable Systems, University of Michigan, 2022.

5 Vgl. Aurélien Barrau, *Die Erde stirbt*, Kamphausen, 2024.

6 Vgl. zu diesem Thema Frédéric Hache, »UK biodiversity unit market: trading permits to destroy nature as a way to protect it?«, Green Finance Observatory, Juni 2022.

7 Die »Nature positive economy«, für die das World Economic Forum und der WWF werben, ist ein herausragendes Beispiel für die Kom-

merzialisierung alles Lebendigen und die Finanzialisierung der Natur. Siehe auch den *Call to Action to Ensure Transition to a Net Zero and Nature Positive Economy*, WWF, 2022, sowie die Antwort des Green Finance Observatory von September 2022: *Nature must be protected from the »Nature positive economy«*.

8 In Ländern wie Kolumbien eignen sich multinationale Konzerne oder mafiöse Gruppierungen brutal riesige Flussufergebiete an. Dabei werden die Anwohner zwangsumgesiedelt – zwischen 1958 und 2020 betraf das ungefähr sechs Millionen Menschen. Wer sich dagegen wehrt, sein Land zu einem lächerlichen Preis abzutreten, also de facto enteignet zu werden, wird nach Ablehnung des »Kaufangebots« häufig umgebracht. Das widerfuhr im genannten Zeitraum knapp über 100 000 Menschen. Vgl. die Doktorarbeit von Maria Ordonez Cruz, *Encuentros en el rio, desaparición, memoria, agua y otras formas de encuentros en Colombia*, Universität Zürich, 2022.

9 Vgl. den Beitrag von Frédéric Hache im Rahmen der Konferenz »Repairing and restoring nature in a beyond growth perspective: Is putting a price on biodiversity the right way to go?« am 16. Mai 2023 im Europäischen Parlament in Brüssel.

10 Vgl. Jean-Claude Michéa, *L'enseignement de l'ignorance et ses conditions modernes*, Climats, 2006.

11 Vgl. Guy Debord, *Die Gesellschaft des Spektakels*, Tiamat, 1996.

12 Siehe den Film *Eden is West*, Costa-Gavras, 2009.

13 Die französische Regierung und ihr Minister für den ökologischen Umbau Christophe Béchu haben einen im Mai 2023 vorgelegten »Plan«, der die Anpassung an die Temperaturerhöhung um 4 Grad bis 2100 regeln soll. Da sind wir aber beruhigt.

14 Vgl. Karl Polanyi, *The Great Transformation. Politische und ökonomische Ursprünge von Gesellschaften und Wirtschaftssystemen*, Suhrkamp, 1995. Dieses Buch wurde ursprünglich 1944 auf Englisch veröffentlicht.

15 Vgl. das britische Magazin *Woman's Own*, 31. Oktober 1987.

Ein zerstörerisches, toxisches System

1 Vgl. Marc Chesney, *Die permanente Krise*, Versus, 2019.

2 Vgl. Grandizo Munis, *Parti-État, stalinisme, révolution*, Spartacus, 1975, sowie der Roman von George Orwell, *Die Farm der Tiere*, Diogenes, 2011.

3 Jean-Pierre Besse und Claude Pennetier, *Juin 40, la négociation secrète*, Éditions de l'Atelier, 2006.

4 Vgl. Karl Polanyi, ebd.

5 Tobias Straumann, *1931: Die Finanzkrise und Hitlers Aufstieg,* Theiss, 2020.

6 Vgl. Jacques R. Pauwels, *Der Mythos vom guten Krieg. Die USA und der Zweite Weltkrieg,* Papyrossa, 2006.

7 Ebd. sowie auch Henry Ashby Turner, Jr.. *General Motors and the Nazis. The Struggle for Control of Opel, Europe's biggest Carmaker,* Yale University Press, 2005.

8 Vgl. Edwin Black, *IBM und der Holocaust. Die Verstrickung des Weltkonzerns in die Verbrechen der Nazis,* Ullstein, 2002.

9 Ebd. *Der Mythos vom guten Krieg.*

10 Es handelt sich um den »Preis der Schwedischen Nationalbank für Wirtschaftswissenschaften in Gedenken an Alfred Nobel«, der dessen Gedenken gerade nicht ehrt, weil Alfred Nobel nie beabsichtigt hatte, einen wirtschaftswissenschaftlichen Preis in seinem Namen zu verleihen.

11 »Die Operation Condor war eine länderübergreifende Geheimoperation. Sie wurde von den Militärregimes in Lateinamerika mit stillschweigender Unterstützung der Vereinigten Staaten organisiert, um als »subversiv« eingestufte Personen auszuschalten. Sie war Bestandteil einer Unterdrückungskampagne, bei der zwischen 1975 und 1983 ca. 50000 Menschen getötet wurden und 35000 Menschen verschwanden.« *Perspective Monde,* o. J., Universität Sherbrooke, Québec, Kanada.

12 Vgl. Friedrich A. von Hayek, *Recht, Gesetz und Freiheit,* Mohr Siebeck, 2003, sowie Carl Schmitt und Hermann Heller, *Du libéralisme autoritaire,* La Découverte, 2020, S. 74.

13 Friedrich A. von Hayek, *Die Verfassung der Freiheit,* Mohr Siebeck, 1991, sowie Carl Schmitt und Hermann Heller, *Du libéralisme autoritaire,* La Découverte, 2020, S. 75.

14 Vgl. zu diesem Thema Johann Chapoutot, *Gehorsam macht frei. Eine kurze Geschichte des Managements – von Hitler bis heute,* Propyläen, 2021.

15 Ebd, S. 18 der französischen Ausgabe *Le camp de concentration, lieu de destruction par le travail (à partir de 1939) et de production économique.*

16 Ebd, S. 88.

17 Vgl. David de Jong, *Nazi Billionaires. The Dark History of Germanys Wealthiest Dynasties,* William Collins, 2022.

18 Aufgrund des Amnestiegesetzes vom 31. Dezember 1949 wurden ungefähr 800000 Nazis rehabilitiert und vollständig wieder in die Wirtschaft integriert.

19 Vgl. Sascha Adamek, *Scharia Kapitalismus. Den Kampf gegen unsere Freiheit finanzieren wir selbst*, Econ, 2017.

20 Mohammed Mursi war Vorsitzender der aus der Muslimbrüderschaft hervorgegangenen Partei Freiheit und Gerechtigkeit. Bei der ägyptischen Präsidentschaftswahl im Juni 2012 war er der Kandidat dieser islamistischen Formation. Er gewann die Wahl und blieb bis zum Staatsstreich im Juli 2013 Staatspräsident. Die terroristische Bewegung Hamas hat im Gazastreifen 2007 gewaltsam die Macht übernommen.

21 Vgl. Matthias Küntzel, *Nazis, Islamic Antisemitism and the Middle East. The 1948 Arab War against Israel and the Aftershocks of Worl War II*, Routledge, 2023, sowie David Motadel, *Islam and Nazi Germany's War*, Harvard University Press, 2014.

22 Man findet hier das Prinzip der *unsichtbaren Hand* von Adam Smith wieder.

23 Die Devise »Freiheit, Gleichheit, Brüderlichkeit« ist nicht ohne Widerspruch, wie zum Beispiel zwischen der Idee von einer individuellen Autonomie, die im Begriff Freiheit enthalten ist, und der quasi symbiotischen Brüderlichkeit, wie sie Saint-Just erträumte. Mona Ozouf hat die Zwiespältigkeit dieses Mottos brillant analysiert. Vgl. Pierre Nora (Hg.), *Liberté, Egalité, Fraternité*, in *Les lieux de mémoire*, Band III, Gallimard, 1992, S. 583–629.

24 Vgl. Pierre Manent, *Histoire intellectuelle du libéralisme*, Pluriel, 2012.

25 Vgl: »Fucilazos sobre el Estado«, Zusammenfassung eines nicht veröffentlichten Buchs von Grandizo Munis, in der Zeitschrift *El Arma de la critica*, Dezember 1988.

26 Grandizo Munis, ebd.

27 Rousseau spricht davon, dass es bei Nichteinhaltung des Sozialvertrags ein Recht, ja sogar eine Pflicht zum Aufbegehren gebe. Dieses Recht fand sich allerdings nur in der kurzlebigen Verfassung von 1793 wieder.

28 Vgl. Etienne de La Boétie, *Von der freiwilligen Knechtschaft des Menschen*, Boer, 2021.

29 LTI bedeutet »lingua tertii imperii«.

30 Sandrine Feydel und Christophe Bonneuil, *Prédation, Nature, le nouvel Eldorado de la finance*, La Découverte, 2015, S. 5.

31 Vgl. Cengiz Akandil, *Detecting Industrial Development in the Arctic via Nighttime Lights*, Doktorarbeit, Zürich, 2025.

32 Vgl. dazu die interessante Analyse auf S. 127 des hervorragenden Buchs von Marlène Benquet et Théo Bourgeron, *La finance autoritaire, vers la fin du néolibéralisme*, Raisons d'agir, 2021.

33 44 % der Weltbevölkerung überlebt mit weniger als 6,85 US-Dollar pro Tag. Siehe: Poverty, Prosperity, and Planet Report – Pathways Out of the Polycrisis, World Bank, 2024.

34 Paulo Guedes, der brasilianische Wirtschaftsminister in der Regierung Bolsonaro, hat bekanntermaßen den libertären Thinktank Instituto Millenium gegründet.

35 Vgl. Katharina Pistor, *Der Code des Kapitals. Wie das Recht Reichtum und Ungleichheit schafft*, Suhrkamp, 2020.

36 Vgl. Bruno Latour, *Où atterrir? Comment s'orienter en politique*, S. 30, La Découverte, 2017.

37 Vgl. nochmals Marlène Benquet und Théo Bourgeron, *La finance autoritaire*, ebd, S. 135.

38 Ebd.

39 Derivate sind Verträge, die zum Beispiel beide beteiligten Parteien verpflichten oder einer von ihnen ermöglichen, Aktien, Anleihen, Währungen oder Rohstoffe wie Öl oder Gas zu einem vorher vereinbarten Preis und Termin (oder innerhalb eines bestimmten Zeitraums) zu kaufen oder zu verkaufen.

40 Wenn mithilfe von Derivaten Risiken und Unsicherheiten in liquide Finanzanlagen umgewandelt werden, handelt es sich dabei um »Verbriefung«.

Die Verschärfung von sozialer Ungerechtigkeit durch Finanzialisierung und Digitalisierung

1 Vgl. Marc Chesney, »L'injustice sociale à l'heure de la financiarisation et de la digitalisation de l'économie«, *Filosofia e Teologia*, 2021.

2 Vgl. auch Peter S. Goodman, *Die Männer von Davos. Wie eine kleine Gruppe Milliardäre die Welt beherrscht*, Finanzbuch, 2022.

3 In Frankreich lag 2020 die Beschäftigungsquote der 15- bis 64-Jährigen bei knapp 75 Prozent. Die Summe aller Tagesbruttolöhne betrug demnach 3 000 Euro (ungefährer Durchschnittsbruttomonatslohn) × 30 Millionen Beschäftigte × 0,75 ÷ 30 Tage = 2,25 Billionen Euro = 2,5 Billionen US-Dollar. Der Betrag, den Jeff Bezos am 20. Juli 2020 eingenommen hat, ist 5,2 Mal höher als diese Gesamtsumme.

4 5,2 Mal die Tagesarbeitszeit von 30 Millionen Menschen mit einer Beschäftigungsquote von 75 Prozent ist gleich 5,2 × 30 Millionen × 0,75 = 117 Millionen Arbeitstage.

5 Zwar unterscheiden sich die Ursprünge der Vermögen von Ludwig XVI. und Jeff Bezos, aber sie haben dennoch einiges gemeinsam. Der

Erste regierte ein Land, das sich seit Langem in einer schlechten finanziellen Lage befand und dessen Kassen er immer noch weiter leerte. Bezos leitet ein Unternehmen, das weltweit von umfangreichen staatlichen Hilfen profitiert und wirksame Steueroptimierungsmechanismen einsetzt, die es ihm beispielsweise ermöglichten, 2021 in Europa keine Einkommenssteuer zu zahlen. Sein akkumulierter Reichtum geht also auch auf Kosten der Steuerzahler.

6 Die Arbeitstage umfassen grob gesehen sowohl die der Arbeiter als auch der Gärtner, Architekten, Innenausstatter et cetera.

7 Diese 13 Milliarden entsprechen auch in etwa dem Zwanzigfachen des Werts von Donald Trumps Anwesen, dem Mar-a-Lago in Florida, in Höhe von 600 Millionen US-Dollar.

8 Vgl. Olivier Marchand und Claude Thélot, »Deux siècles de productivité en France«, *Economie et Statistique*, 1990. Ich zitiere: »Letztendlich ist im Jahre 1990 eine Stunde Arbeit 25 Mal produktiver als eine Stunde im Jahre 1830.«

9 Vgl. Andreas Uhlig, »Der Renminbi wird zur neuen D-Mark«, *Neue Zürcher Zeitung*, 15. Dezember 2020.

10 Vgl. die Informationsschrift *Bericht zur sozialen Ungleichheit 2024*, Oxfam, 15. Januar 2024. Ich zitiere: »Die fünf reichsten Männer der Welt haben ihr Vermögen seit 2020 verdoppelt.«

11 GAFAM ist ein Akronym für die weltweit führenden Unternehmen im Bereich der Informationstechnologien: Google, Amazon, Facebook (Meta), Apple und Microsoft.

12 Das Blockchain-Protokoll wird auch in vielen Videospielen verwendet, um online virtuelle Objekte zu kaufen, mit denen die Spieler ihre Fähigkeiten oder die Benutzeroberfläche verbessern wollen.

13 Walter Benjamin, *Das Kunstwerk im Zeitalter seiner technischen Reproduzierbarkeit*, 1939.

14 Meistens handelt es sich dabei um Finanzderivate. Anfang Juli 2024 betrug der Nominalwert dieser Produkte für die Schweiz das 260 000-Fache des Bruttoinlandsprodukts.

15 Vgl. Maurizio Lazzarato, *Die Fabrik des verschuldeten Menschen. Ein Essay über das neoliberale Leben*, b-books, 2012.

16 Vgl. *Projet de loi de finances pour 2024*, L'Agence France Trésor, September 2023.

17 Vgl. »Am Ende des vierten Quartals 2024 beläuft sich die Staatsverschuldung auf *3 305,3* Mrd.€«, INSEE, 2025.

18 Vgl. »Hat die Regierung Castex, wie vom Premierminister behauptet, das Budget für die Krankenhäuser verdoppelt? – Das Budget wurde

zwischen 2020 und 2022 von 84,4 auf 95,3 Milliarden Euro aufgestockt, also eine Erhöhung um 13 %«, France Info, 24 Januar 2022.

19 Vgl. »La dette publique ›étouffe‹ les pays africains et entrave leur réponse au VIH sida«, *ONUSIDA*, 19. September 2024.

20 Vgl. »2024 US national debt hits a new record: $36 trillion«, FOXBusiness, 22. November 2024.

21 Vgl. Cormac Mullen und John Ainger, »World's Negative-Yielding Debt Pile Hits $18 Trillion Record«, Bloomberg, 11. Dezember 2020.

22 Vgl. Masaki Kondo, »Era of Negative-Yielding Debt Close to End as Japan Yields Rise«, Bloomberg, 25. Oktober 2022.

23 Vgl. unter anderen: Peter S. Goodman, ebd.

24 Vgl. Emilio Gentile, *L'Apocalypse de la modernité – la Grande Guerre et l'homme nouveau*, Flammarion, 2011.

25 Es kam im 20. Jahrhundert zu 231 Millionen Toten. Vgl. das Buch von Milton Leitenberg: *Deaths in Wars and Conflicts in the 20th Century*, Cornell University, 2006.

26 Vgl. zu diesem Thema Tobias Straumann, *1931: Debt, Crisis and the Rise of Hitler*, Oxford University Press, 2019.

27 Vgl. Karl Polanyi, ebd.

28 Zu diesem Thema empfohlen wird Daniel Stedman Jones, *Masters of the Universe. Hayek, Friedman, and the Birth of Neoliberal Politics*, Princeton University Press, 2012.

29 Vgl. den Film *The Big Short* von Adam J. McKay, 2015.

30 Vgl. Friedrich Nietzsche, *Zur Genealogie der Moral*, Reclam, 1988, worin der Autor unter anderem die vertraglichen Beziehungen zwischen Gläubigern und Schuldnern, die durch die Forderung verliehene Macht sowie das mit der Verschuldung einhergehende Schuldgefühl analysiert.

31 In *Leçons d'une défaite, promesse de victoire. Critique et théorie de la révolution espagnole (1930–1939)*, einem Buch, das 1948 auf Spanisch erschien und vom Verlag *Sciences Marxistes* 2007 auf Französisch herausgegeben wurde, analysiert der Autor Grandizo Munis den historischen Hintergrund der sozialen Krise und erklärt, inwiefern das Wirtschaftswachstum keine progressive Rolle mehr spielen kann, das heißt, nicht mehr in der Lage ist, soziale Fortschritte zu bewirken. In den 1970er-Jahren verfeinerte er diese Analyse in einem Artikel mit dem Titel »Unmöglichkeit der kapitalistischen Entwicklung«, in dem er auf den ab einem bestimmten Entwicklungsstand des Kapitalismus unumkehrbaren Unterschied zwischen Wachstum und Entwicklung hinweist: Das Wachstum der Produktivkräfte tendiere im Verlauf dessen, was er als Verfall des gesamten kapitalistischen Zivilisationssys-

tems bezeichnet, dazu, die soziale Entwicklung zu behindern oder sogar zu untergraben. Seiner Meinung nach ist es daher dringend erforderlich, dass die Menschheit so schnell wie möglich die sozialen Klassen, den Staat und das Wertgesetz abschafft gemäß dem Motto der von Babeuf und Buonarroti geleiteten *Conjuration des égaux* von 1796: »Die Erde gehört niemandem, die Früchte gehören allen«, welches Jean-Jacques Rousseaus Ermahnung im zweiten Teil vom *Diskurs über den Ursprung und die Grundlagen der Ungleichheit unter den Menschen* (1755) aufgriff: »Ihr seid verloren, wenn ihr vergesst, dass die Früchte allen gehören und die Erde niemandem.«

Klimawandel und die Lehren aus todbringenden Sommern

1 Der zwischenstaatliche Ausschuss für Klimaänderungen (IPCC) wurde 1988 gegründet, um detaillierte Bewertungen des wissenschaftlichen, technischen und sozioökonomischen Kenntnisstands über den Klimawandel, seine Ursachen, potenziellen Auswirkungen und Bewältigungsstrategien bereitzustellen.

2 Vgl. »Survival of the Richest. Warum und wie soll man die Reichsten besteuern, um Ungleichheit zu bekämpfen«, Oxfam, 2023.

3 Vgl. »A billionaire emits a million times more greenhouse gases than the average person«, Oxfam, 7. November 2022.

4 Vgl. Grégory Salle: *Superyachten. Luxus und Stille im Kapitalozän*, Suhrkamp, 2023.

5 Vgl. Marc Chesney, »The Smell Of Hypocrisy In Dubai«, *The London Economic*, 19. Dezember 2023.

6 Vgl. François Fejtö, *Requiem für eine Monarchie: Die Zerschlagung Österreich-Ungarns*, ÖBV, 1991, S. 35f. der französischen Ausgabe, oder auch die Sonderausgabe des Satiremagazins *Crapouillot* über den Ersten Weltkrieg von 1935.

7 Der Klimapakt von Glasgow (COP26, 2021) enthält die Forderung, »ineffiziente« Subventionen für Öl, Gas und Kohle zu streichen: »Nations are called upon to phase down unabated coal power and inefficient subsidies for fossil fuels.« Vgl: *The Glasgow Climate Pact – Key Outcomes from COP26*, UNFCCC, Dezember 2021.

8 Vgl. Stuart Parkinson und Linsey Cottrell, »Estimating the Military's Global Greenhouse Gas Emissions«, Scientists for Global Responsibility (SGR) mit Conflict and Environment Observatory (CEOBS), November 2022.

9 Vgl. auch Julie Pietri und Charlotte Cosset: »Das Erdölprojekt von TotalEnergies in Uganda und Tansania – Ermittlungen zu einer ›Klimabombe‹«, Radio FranceInter, 6. Januar 2023.

10 Die NGO Finance Watch »warnt vor der Diskrepanz zwischen Klimaforschung und Wirtschaftsprognosen, die das Nichthandeln im Klimabereich begünstigt«. Vg. Thierry Philipponnat, *Finance in a hot house world*, Oktober 2023.

11 Nordhaus schrieb 1993 in dem Beitrag, »Rolling the ›Dice‹: An Optimal Transition Path for Controlling Greenhouse Gases«: »A growing body of evidence has pointed to the likelihood that greenhouse warming will have only a modest economic impact in industrial countries, while progress to cut [greenhouse gases] will impose substantial costs.«, *Resource and Energy Economics*, 1993.

Das Finanzkasino und die Credit Suisse

1 Zitat des US-Mobsters Meyer Lansky im Jahr 1975, vgl. *Mafia und Banken – Die Pionierzeit*, Folge 1, Arte, Minute 56.

2 Vgl. Daniel Ryser, »Die Frage ist: Mit welchen Verbrechen hängt unser Reichtum zusammen?«, Republik, 2. Mai 2023.

3 Das Simon-Wiesenthal-Zentrum enthüllte die Namen von zwölftausend in Argentinien lebenden Nazis, von denen viele ihre Konten zur Credit Suisse verlegt hatten, Pressekommuniqué, Simon-Wiesenthal-Zentrum, Paris und Buenos Aires, 2. März 2020.

4 Ebd.

5 Vgl. *Consolidated financial statements – Credit Suisse (Bank)*, im Teil »Report of the Statutory Auditor«, darin enthalten auch ein Bericht von PwC vom 14. März 2023, S. 432 III.

6 Ich hatte bereits auf diese Probleme aufmerksam gemacht, unter anderem in meinem Interview »Ja, ein Knall ist wahrscheinlich. Die Signale stehen auf Rot«, *Tages-Anzeiger*, 3. April 2021, in »Die Vergütungen der verantwortungslosen CS-Chefs sind skandalös«, *Tages-Anzeiger*, 8. November 2022, in »Lehman Brothers: der Bankrott einer Bank und derjenige eines Systems«, *NZZ*, 11. September 2018, sowie in »Die Credit Suisse ist eine ›Bad Bank‹«, *Watson*, 2022.

7 Im Vergleich dazu betrug 2020 der Nominalwert der Derivate bei der UBS etwa das 29-fache des schweizerischen Bruttoinlandsprodukts.

8 FINMA, »FINMA und SNB nehmen Stellung zu Unsicherheiten am Markt«, Pressemitteilung, 15. März 2023, https://www.finma.ch/de/news/2023/03/20230315-mm-statement.

9 Hier sei daran erinnert, dass die UBS 1997 die Kontrolle einer anderen systemrelevanten Institution übernommen hatte, des Schweizerischen Bankvereins SBG.
10 Vgl. Urs Gasche, »Das Management der UBS nimmt die Steuerzahlenden als Geisel. Wenn sich die UBS verzockt, muss der Staat sie retten. Es gebe keinen Plan B, kritisiert der frühere Finanzprofessor Marc Chesney«, *Infosperber*, 9. April 2025.
11 Vgl. Elliot Smith, »March's banking chaos gave short sellers their biggest profits since the financial crisis«, CNBC, 6. April 2023.
12 Vgl. Sophie Hartmann und Maria-Theres Schuler: »Swiss Finance Institute: Forschung und Lehre im Sold der Banken«, *Republik*, 13. September 2024.
13 Ebd.

Wirtschaftswissenschaft und Korruption in den Hochschulen

1 Vgl. Georges Darien, *Der Dieb*, Die Andere Bibliothek, 1996.
2 Friedrich A. von Hayek erklärte: »Mir persönlich ist ein liberaler Diktator lieber als eine demokratische Regierung, der es an Liberalismus mangelt«, Interview veröffentlicht in der chilenischen Tageszeitung *El Mercurio*, 12. April 1981.
3 Karl Korsch, *Karl Marx*, Brill, 2016, S. 71 der französischsprachigen Ausgabe.
4 Otfried Höffe (Hg.), *Aristoteles: Politik*, De Gruyter, 2011.
5 Thomas von Aquin, »Frage 78«, *Summe der Theologie*, Abhandlung verfasst zwischen 1266 und 1273, sowie Jacques Le Goff, *Wucherzins und Höllenqualen. Ökonomie und Religion im Mittelalter*, Klett-Cotta, 1988.
6 Ibn Chaldūn, *Betrachtungen zur Weltgeschichte*, C. H.Beck, 2011, Originalveröffentlichung 1377.
7 Adam Smith, *Der Wohlstand der Nationen*, Anaconda, 2013, Originalveröffentlichung 1776.
8 Vgl: Juliette Grange und Pierre Musso (Hg.), *Doctrine de Saint-Simon*, Mitherausgeber, Le Bord de l'eau, 2020, und Henri de Saint-Simon, *Der Organisator*, verfasst zwischen November 1819 und Februar 1820.
9 Das Viktorianische Zeitalter war bekanntermaßen für Arbeiter und ihre Familien besonders düster und repressiv. So beschreibt beispielsweise Charles Dickens in seinem Roman *Oliver Twist* (1837), wie ein Kind in dieser Zeit hungert, friert und misshandelt wird.

10 Fernsehsendung *Sternstunde Philosophie* mit Boris Cyrulnik zum Thema Trauma und Resilienz, SRF, 21. Mai 2023, Minute 31–35.

11 John Maynard Keynes, »Economic Possibilities for our Grandchildren«, in *Essays in Persuasion*, Harcourt Brace, 1932, oder John Maynard Keynes, *Wirtschaftliche Möglichkeiten für unsere Enkel*, Reclam, 2024.

12 Eduard Bernstein, *Die Voraussetzungen des Sozialismus und die Aufgaben der Sozialdemokratie*, 1899.

13 Die meisten Reformisten zu Anfang des 20. Jahrhunderts, die von Revolutionären wie Rosa Luxemburg geschmäht wurden (vgl. *Sozialreform oder Revolution?*, 1899), würden heute von führenden »Sozialisten« als subversive Spinner angesehen. Deren Politik hat nur noch wenig von der eines Léon Blum und steht gar diametral im Widerspruch zu der eines reformorientierten Sozialisten wie Jean Jaurès, der vehement und kompromisslos gegen die Vorbereitungen für den Ersten Weltkrieg und die damit einhergehende nationalistische Propaganda aufbegehrte.

14 Das Fach Wirtschaftsgeschichte verschwindet zunehmend aus dem Pflichtprogramm für VWL- und BWL-Studenten. Die großen Namen der Vergangenheit werden grundsätzlich vernachlässigt, da ihre Erkenntnisse als nicht mehr zutreffend angesehen werden. Der Fokus liegt in der Regel auf neuesten »wissenschaftlichen« Veröffentlichungen.

15 Vgl. »Uber Files: Wirtschaftswissenschaftler erhalten Geld von Uber, damit sie die Argumente der Fahrdienstleister unterstützen. Der amerikanische Konzern hat Experten bezahlt … damit sie maßgeschneiderte Studien durchführen und Uber in den Medien verteidigen«, *Le Monde*, 10. Juli 2022. Vgl. auch Uber paid academics six-figure sums for research to feed to the media – High-profile professors in Europe and the US were engaged as part of lobbying campaign, leak shows, *The Guardian*, 12.7.2022.

16 Silla Sigurgeirsdóttir und Robert Wade, »Quand le peuple islandais vote contre les banquiers«, *Le Monde Diplomatique*, Mai 2011.

17 Es gibt übrigens einen in Chicago notierten Börsenindex, den VIX (Volatility Index), wo man auf diese Art von Risiko wetten und gegebenenfalls enorme Beträge kassieren kann. Dieser »Angstindex«, wie er oft genannt wird, ist nur ein weiterer Avatar der Finanzkasinowirtschaft.

18 Durch den technischen Fortschritt wird die Lohnarbeit tendenziell durch Produktionsmittel wie Maschinen, Roboter, Softwareprogramme et cetera ersetzt. Deswegen wächst der Anteil des Kapitals, der auf letztere entfällt im Verhältnis zum variablen Kapital. Da der

Mehrwert jedoch gerade aus der Ausnutzung der Lohnarbeit herrührt, also dem Verkauf der Arbeitskraft derjenigen, die zum Überleben nichts anderes haben, würde die Profitrate zurückgehen. Ich zitiere Karl Marx, *Das Kapital*, Buch 3, S. 211: »[...] es ist damit aus dem Wesen der kapitalistischen Produktionsweise als eine selbstverständliche Notwendigkeit bewiesen, daß in ihrem Fortschritt die allgemeine Durchschnittsrate des Mehrwerts sich in einer fallenden allgemeinen Profitrate ausdrücken muß. Da die Masse der angewandten lebendigen Arbeit stets abnimmt im Verhältnis zu der Masse der von ihr in Bewegung gesetzten vergegenständlichten Arbeit, der produktiv konsumierten Produktionsmittel, so muß auch der Teil dieser lebendigen Arbeit, der unbezahlt ist und sich in Mehrwert vergegenständlicht, in einem stets abnehmenden Verhältnis stehen zum Wertumfang des angewandten Gesamtkapitals. Dieses Verhältnis der Mehrwertsmasse zum Wert des angewandten Gesamtkapitals bildet aber die Profitrate, die daher beständig fallen muß.«

19 Die Eigenkapitalrendite eines Unternehmens wird berechnet, indem man die erzielten Gewinne durch das von den Aktionären investierte Kapital dividiert. Durch die Erhöhung der Schulden wird der Anteil dieses Kapitals verringert und dadurch die Eigenkapitalrendite gesteigert, solange es keinen Ausfall gibt.

20 Vgl. zu diesem Thema die zahlreichen Veröffentlichungen von Roberto Saviano, insbesondere, *ZeroZeroZero Wie Kokain die Welt beherrscht*, Hanser, 2014.

21 Patrick Süskind, *Das Parfum*, Diogenes, 1985.

Der Krieg in der Ukraine und das Undenkbare

1 Bemerkenswert ist darüber hinaus, dass die Terroranschläge vom 11. September 2001 in New York für einige Personen, die anscheinend im Vorfeld informiert wurden, zu hohen Gewinnen geführt haben. Optionsmärkte wurden für mögliche Insiderhandel benutzt. Vgl. Marc Chesney, Remo Crameri und Loriano Mancini, »Detecting Abnormal Trading Activities in Option Markets«, *Journal of Empirical Finance*, 2015, insbesondere im Abschnitt »Empirical results« und im Anhang, S. 17–21. Vgl. auch »Im Gespräch am Grab von James Joyce – Lars Schall interviewt Marc Chesney in Zürich«, YouTube, September 2024 sowie Lars Schall, *Denken wie der Feind. 20 Jahre Ausnahmezustand 9/11 und die Geopolitik des Terrors*, Teil 1 und 2, BoD, 2021.

2 Vgl. John Pilger, »Silencing the lambs, how propaganda works«, *Brave New Europe*, 9. September 2022.
3 Vgl. Connor Echols, »Did Boris Johnson help stop a peace deal in Ukraine?«, *Diplomacy Watch*, 2. September 2022, sowie die Kommentare des Journalisten Branko Marcetic auf X.
4 Vgl: Eric Denécé, »Europe, Ukraine: obstination sans issue«, CF2R, März 2025.
5 Vgl. das Interview mit der ehemaligen Bundeskanzlerin Angela Merkel in der *Zeit*, 7. Dezember 2022.
6 Vgl. den gleichnamigen Artikel von Marc Chesney, *Infosperber*, 12. Mai 2022.
7 Vgl. Paul-Anton Krüger, »Worte, die schwer wiegen«, *Süddeutsche Zeitung*, 27. Januar 2023.
8 Vgl. die Reportage des japanischen Fernsehsenders NHK World, die auf der Grundlage von Smartphone-Videos ukrainischer Soldaten realisiert und am 14. April 2024 online gestellt wurde.
9 Vgl. Marie Hawthorne, »Why Are Russian Spy Planes Probing Close to Alaskan Airspace?«, *The Organic Prepper*, 17. August 2022, sowie: Bill Gertz, »Russia flies reconnaissance aircraft in restricted zone near Alaska, NORAD planes scrambled«, *The Washington Times*, 12. September 2022.
10 Karl Kraus, *Die letzten Tage der Menschheit*, V. Akt, 54. Szene, 1918.
11 Der große Mathematiker Alexander Grothendieck verpflichtete sich übrigens, »keine Forschung zu betreiben, die direkt auf militärische Anwendungen ausgerichtet ist, keine Gelder anzunehmen oder zu verwalten, die aus Verträgen mit militärischen Institutionen stammen, und nicht an wissenschaftlichen Tagungen teilzunehmen, die auch nur teilweise von solchen Institutionen subventioniert werden«. Vgl. die Kampagne »Lasst uns keine Komplizen sein« in der Ausgabe 2/3 von *Survivre et vivre* von 1970 und sein Buch: *Récoltes et Semailles – Réflexions et témoignage sur un passé de mathématicien*, Gallimard, 2022.
12 Am 11. April 2024 verteidigte Emmanuel Macron bei seinem Besuch beim Schießpulverproduzenten Eurenco in der Dordogne die Kriegswirtschaft, da sie »Wohlstand hervorbringt«.

Schnell agieren, Leben unterstützen und retten

1 Im Jahr 2019 waren weltweit 262 Millionen Menschen als Asthmatiker registriert, und 455 000 Menschen starben an den Folgen eines Asthmaanfalls. Vgl. »Global burden of 369 diseases and injuries in

204 countries and territories, 1990-2019: a systematic analysis for the Global Burden of Disease Study 2019«, *Lancet*, 2020, sowie Liana Correa und Ubiratan Santos, »Die Belastung durch städtische Luftverschmutzung verschlimmert die Sterblichkeitsrate durch Asthma«, *Clinical Reviews in Allergy & Immunology, 2021*, oder auch O. Bronte-Morenoa et al., »Impact of Air Pollution on Asthma: A Scoping Review«, *Open Respiratory Archives*, 2023.

2 Laut einer wissenschaftlichen Studie sterben weltweit jedes Jahr etwa neun Millionen Menschen an den Folgen von Umweltverschmutzung, weil sie mit giftigen Substanzen verseuchter Luft, verseuchtem Wasser oder verseuchten Böden ausgesetzt sind. Jeder sechste Todesfall, das heißt 16 Prozent aller Todesfälle, ist somit auf Umweltverschmutzung zurückzuführen. Vgl. *Lancet* Commission on Pollution and Health, »Pollution and health: a progress update«, *The Lancet Planetary Health*, Mai 2022.

3 Vgl. Shouro Dasgupta et al., »Effects of climate change on combined labour productivity and supply: an empirical, multi-model study«, *Lancet Planet Health*, 2021.

4 Vgl. Ariel Ortiz-Bobea. *Anthropogenic Climate Change Has Slowed Global Agricultural Productivity Growth*, Nature Climate Change, 2021.

5 Vgl. Marie-Monique Robin, *La fabrique des pandémies – Préserver la biodiversité, un impératif pour la santé planétaire*, La Découverte, 2021.

6 Das Anthropozän ist demnach gekennzeichnet »durch die immer entscheidenderen Auswirkungen menschlicher Aktivitäten auf die großen Gleichgewichte der Biosphäre und durch einen erheblichen Druck auf die natürlichen Ressourcen. [...] Indem das Konzept des Anthropozäns jedoch nur auf die menschliche Aktivität ohne weitere Problematisierung hinweist, scheint es die Vorstellung zu unterstützen, dass diese Belastung der Umwelt ausschließlich mit der Natur des Menschen und nicht mit dem Wirtschaftssystem, in das seine Aktivität eingebettet ist, zusammenhängt.« Zu hören in *Anthropocène ou capitalocène*, Radio France culture, 11. Oktober 2021.

7 Ebd.

8 Vgl. Nastasia Michaels *Géologie: qu'est-ce que l'anthropocène?*, *Geo*, 4. Januar 2023.

9 Vgl. den Dokumentarfilm: *Hitzefrei? Klima wandelt Arbeit* von Mikaël Lefrançois, Arte, 20. Juni 2023. Ich zitiere: »In den Gebieten der Erde, die am stärksten vom Klimawandel betroffen sind, leiden rund 400 Millionen Arbeiter unter zunehmender Hitze. Immer mehr Epidemiologen, Ärzte und Ökonomen warnen vor einer Gefahr, die auch Europa betreffen wird. In Katar ist diese Gefahr bereits augenschein-

lich. Dort sterben zahlreiche Arbeitsmigranten, die gesund ins Land gekommen sind. Die offiziell als ›natürlich‹ deklarierten Todesfälle stehen in einer offensichtlichen Korrelation mit der Temperaturkurve des Landes, die immer wieder die Marke von 50 Grad Celsius überschreitet. Doch Hitze tötet auch schleichend. Die Dokumentation thematisiert die wichtigste Arbeitskrankheit, die auf Hitze zurückzuführen ist: eine chronische Niereninsuffizienz, die bei Zuckerrohrarbeitern in Nicaragua und in El Salvador entdeckt wurde. Die von Epidemiologen entdeckte Krankheit hat sich in Regionen ausgebreitet, in der starke Hitze mit hoher Arbeitsintensität in der Landwirtschaft zusammenfällt. Tausende von Menschen fielen dieser Krankheit bereits zum Opfer. Sie findet sich in derselben Form auch unter den Arbeitsmigranten am Persischen Golf. Der Dokumentarfilm erzählt vom Schicksal nepalesischer Arbeiter, die nach Kathmandu zurückkehren mussten, um ärztlich versorgt zu werden. Auch bei UPS-Paketboten in den USA, die in Lieferwagen ohne Klimaanlage fahren und einem straffen Arbeitstakt folgen, sind Nierenleiden zu beobachten.«

10 Die Rolle der Schattenwirtschaft, in der alle Arten von Kriminalität von der untersten bis zur obersten Stufe der sozialen Skala ihr Unwesen treiben, wurde von Karl Marx in seinen Theorien über den Mehrwert (1861–1863) klar definiert: »[...] Ein Verbrecher produziert Verbrechen. Wenn man die Beziehung zwischen diesem letzten Produktionszweig und der gesamten Gesellschaft näher betrachtet, wird man viele Vorurteile über Bord werfen. Der Verbrecher produziert nicht nur Verbrechen, sondern auch das Strafrecht und somit den Professor, der Vorlesungen über Strafrecht hält, bis hin zu dem unvermeidlichen Lehrbuch, mit dem derselbe Professor seine Vorlesungen als ›Ware‹ auf den globalen Markt wirft. [...]« Der Kriminelle bringt außerdem die gesamte Organisation der Kriminalpolizei und -justiz hervor, die Beamten, Richter, Henker, Geschworenen usw. und all die verschiedenen Berufe, die ebenso viele Kategorien der gesellschaftlichen Arbeitsteilung darstellen; sie entwickeln die verschiedenen Fähigkeiten des menschlichen Geistes, schaffen neue Bedürfnisse und neue Arten, sie zu befriedigen. Allein die Folter hat zu den genialsten mechanischen Erfindungen geführt und viele ehrliche Handwerker mit der Herstellung ihrer Instrumente beschäftigt. Der Kriminelle erzeugt je nachdem einen moralischen oder tragischen Eindruck und leistet auch einen ›Dienst‹ für die moralischen und ästhetischen Gefühle der Öffentlichkeit. Er produziert nicht nur Bücher über das Strafrecht, das Strafgesetzbuch und die Gesetzgeber, sondern auch Kunst, Literatur, Romane und sogar Tragödien. [...] Der Verbrecher schafft eine Ab-

wechslung in der Monotonie und der ruhigen Selbstgewissheit des bürgerlichen Lebens. Er bewahrt es vor Lethargie und bringt jene unruhige Spannung und Emotionalität hervor, ohne die der Stachel des Wettbewerbs letztlich selbst abstumpfen würde. Der Verbrecher gibt also den Produktivkräften einen Impuls. Einerseits entzieht das Verbrechen dem Arbeitsmarkt einen Teil der überschüssigen Bevölkerung und verringert dadurch die Konkurrenz unter den Arbeitern; andererseits absorbiert der Kampf gegen das Verbrechen einen anderen Teil eben dieser Bevölkerung. Der Kriminelle erscheint also als einer jener natürlichen ›Ausgleichsfaktoren‹, die das gesunde Gleichgewicht wiederherstellen.«

11 Vgl. Fabio Merlini, *L'époque de la performance insignifiante – Réflexions sur la vie désorientée*, Les éditions du Cerf, 2011.

12 Vgl. Marc Chesney, *Die permanente Krise*, Versus, 2019.

13 Vgl. *Fucilazos sobre el Estado*, Zusammenfassung eines nicht veröffentlichten Buchs von Grandzizo Munis, erschienen in der Zeitschrift El *Arma de la critica*, Dezember 1988.

14 Vgl. auch das Buch von Sophie Wahnich, *La Révolution des sentiments – comment faire une cité?*, Le Seuil, 2024.

15 Ebd. S. 37.

16 Vgl. speziell zum Gefühl der Ohnmacht: Sophie Wahnich, *Stridences en conjoncture trouble, notre situation historique*, Excès, 2021, S. 6.